新传媒与近代史学的转型
——以二十世纪二三十年代史学期刊为例

程文标 著

南开大学出版社

天　津

图书在版编目(CIP)数据

新传媒与近代史学的转型：以二十世纪二三十年代史学期刊为例/程文标著. —天津：南开大学出版社，2015.7
ISBN 978-7-310-04848-9

Ⅰ.①新… Ⅱ.①程… Ⅲ.①史学－学术期刊－研究－中国－民国 Ⅳ.①K092.6

中国版本图书馆CIP数据核字(2015)第149571号

版权所有　侵权必究

南开大学出版社出版发行
出版人：孙克强
地址：天津市南开区卫津路94号　　邮政编码：300071
营销部电话：(022)23508339　23500755
营销部传真：(022)23508542　　邮购部电话：(022)23502200

*

唐山新苑印务有限公司印刷
全国各地新华书店经销

*

2015年7月第1版　　2015年7月第1次印刷
230×155毫米　16开本　13印张　2插页　167千字
定价:29.00元

如遇图书印装质量问题，请与本社营销部联系调换，电话:(022)23507125

序

姜胜利

程文标博士毕业已经八年了,他是我指导的第二届博士生。他毕业后在西南政法大学任教,一方面教学,一方面继续从事史学史研究。八年来他与我保持联系,但并不频繁。可是,每当他走到人生的关节处,都不忘向我及时"备案":谈恋爱了,结婚了,生子了,出国进修了,获得课题立项了,参加职称评定了。因此,可以说我是远远关注着他,对于他的治学与生活的不断进步,总是欣慰多于牵挂。记得他上学时说脾气有点像我,可能主要指的是为人上和思想上都有些慵懒、散淡。我也总觉得和他交流很顺畅,他听得懂我,我也明白他,这对于现今的师生也并非完全能做得到。印象深刻的是,他上学时,一时苦恼,不用电脑发邮件,特意给我手写了一封长信,我把他叫来絮絮叨叨地发了一番宏论,最后他回以简短的邮件,释然了。记得当时的感觉,好像不是我解决了他的什么思想问题,倒像是自己找到知音了。这样,我们师生在三年的时间中,建立起互信互惠关系,互信就是无论学术还是思想上有啥想法都敢说,互惠就是在讨论中,双方都获益,正所谓教学相长。

文标的博士论文选题,最初的计划非常庞大,范围是整个近代的史学期刊。起初雄心勃勃,干劲十足。确立选题不久,就给我交来一本自制的厚厚近代史学期刊论文索引。而且他还试图从非史学期刊中索引史学论文,大有研究近代期刊中的史学之势。正当搜集了不少资料、完成了结构初步设计之时,却听说外校已经有人早把前面一个时段做过了。我们设法找到尚未出版的成果,发现其结构许多都与文标的设想相近或一致,这真是古人说的"暗合"了。文标一时陷入迷茫,情绪大为失落。但经过我们师生的共同努力,最后调整了思路,避开别人已经研究的部分,缩小到现在的论述范围,重新设计了研究路径与方法,他才重新启程,拿出做学问的劲头,开始了新的拼搏。最后成书还是比较顺利的,毕业时也得到几位答辩委员的肯定。

本书就是在其毕业论文的基础上修改定稿的。本书大致在如下几个方面展现了其独到与新颖之处:

其一是系统性。全书对20世纪二三十年代史学期刊进行了全面、系统的研究。作者在全面掌握本课题相关研究状况的基础上,系统地收集和研读了相关的史学期刊。不仅总结出20世纪二三十年代史学期刊的发展历程和创办特点,而且将其纳入近代史学发展的总体历程进行考察,对史学期刊在传播西方史学、培养史学人才、促进史学思潮的形成、确立史学公共领域以及推动史学研究范式的转型等方面的作用进行了深入的分析。如此全面系统的研究,至今还不多见,因此可以说本书确立了一个独特的近代史学期刊研究体系。

其二是创新性。作者采取的几个观察问题的视角,明显区别于以往多从传播学角度研究史学期刊的做法。本书把史学期刊定位于既是近代史学发展的记录者,更是近代史学发展的参与者,着力研究史学期刊与当时史学其他方面的互动和连带发展关系,如史学期刊与史学人才的培养,史学期刊与史学观念的转变,史学期刊与史学成果的表述形式等,从而把史学期刊的产生和发展作为近代史学史的重要组成部分,纳入史学史研究的范围,探讨其产生机制和发展背景及其在近代史学整体发展历程中扮演的重要角色。相应地,这种研究自然就为近代史学史发展提供了另外一种全新解读,与以往专注从史家、史书、史学观念出发考察近代史学相比较,无疑是一种崭新的研究视角和研究范式。

其三是研究性。本书视野开阔,内容丰富,不仅描述了史学期刊的发展全景,而且就许多具体问题进行了深入研究,不乏独到见解。如作者把一些重要期刊与一个学派或一个研究领域对应起来，分别论述了《史地学报》与史地学派、《中央研究院历史语言研究所集刊》与史料学派、《禹贡》半月刊与历史地理研究、《食货》半月刊与社会经济史研究等的关系，充分展示了期刊与学术的互动和共进。又如，作者通过一系列研究指出专业性史学期刊的出现促进了近代史学研究公共领域的确立，而史学公共领域的确立又为史学发展提供了良好的条件。作者又以《史地学报》为例，具体分析了一本史学期刊在近代史学研究范式转型中的独特贡献。在分析史家与期刊的结合时，甚至分析到稿酬制度的出现为史家职业化提供了有力的支持。这些别开生面的论述，都令人耳目一新。

总之，这是文标认真搜集史料、分析史料，周密思考、严谨写作，并不断修改和完善的一项科研结晶，我对本书的学术质量充满信心。

最后要说的是，文标从我这里可能从来没有得到类似"人生苦短须快马扬鞭"的督促，反而都是稳扎稳打、切忌急功近利的劝喻。想来这可能有点脱离当下的学术环境，应该说自己并不算一名称职的导师。如今这部即将付梓的著作，也正是作者抱持慢工出细活的态度，逐渐打磨出来的。今天，文标让我作序，我又重新读了一遍书稿，觉得在这个研究领域，此书出版还是有其值得重视的学术价值。首先，在中国期刊史上，史学期刊出现的虽然比较早，数量也可观，但有关研究成果问世的还不多，此书正可补此一缺憾。其次，史学在近代的发展，得益于多种因素，专业期刊的发展无疑是一重要条件，而在今天互联网大兴，纸本期刊萎缩、频频告急的情况下，史学期刊也面临数字化转型等一系列问题，这会给史学乃至整个学术带来怎样的影响？这已经引起学人们的关注和思考，这本著作的出版或可为相关思考提供一些借鉴。

2015 年 7 月 13 日于南开大学

目　录

绪　论 …………………………………………………………（1）
　一　提出问题及选题价值 …………………………………（1）
　二　课题研究现状 …………………………………………（2）
　三　研究方法及有关概念的界定 …………………………（9）
　四　研究思路及框架 ………………………………………（11）
第一章　1920－1937年史学期刊概述 ……………………（13）
　一　史地类期刊 ……………………………………………（15）
　二　历史语言类期刊 ………………………………………（25）
　三　史学类期刊 ……………………………………………（28）
　四　专门史类期刊 …………………………………………（42）
　五　史学期刊的特点 ………………………………………（44）
第二章　史学期刊与西方史学的传播 ……………………（49）
　一　关注西方史学 …………………………………………（50）
　　（一）对西方学者中国史研究的译介 …………………（51）
　　（二）对西方史学发展历程和研究现状的关注 ………（57）
　二　鲁滨逊新史学的传播 …………………………………（67）
第三章　史学期刊与史学人才的培养 ……………………（75）
　一　以创办期刊为主的史学人才培养模式 ………………（75）
　二　史学期刊对历史教育的探讨 …………………………（78）
　　（一）《史地丛刊》对历史教育的探讨 …………………（79）
　　（二）《史地学报》对历史教育的商榷 …………………（82）

(三)《历史教育》对国难时期历史教育的思考 ………（85）
第四章　史学期刊与史学思潮……………………………（89）
　一　《史地学报》《史学与地学》《史学杂志》《史地杂志》
　　　与史地学派……………………………………………（90）
　二　《中央研究院历史语言研究所集刊》与史料学派……（98）
　三　《禹贡》半月刊与历史地理研究……………………（105）
　四　《食货》半月刊与社会经济史研究…………………（111）
第五章　史学期刊与史学研究公共领域………………（119）
　一　史学研究公共领域的确立……………………………（119）
　二　史学公共领域确立对史学研究的影响………………（127）
　三　古史论战………………………………………………（134）
第六章　史学期刊与近代中国史学研究范式的转型
　　　——以《史地学报》为中心…………………………（143）
　一　历史观念的转变………………………………………（144）
　二　史学价值观念的转变…………………………………（147）
　三　选题指向的转变………………………………………（149）
　四　近代史学学术成果表述方式的初步建立……………（151）
结　　语……………………………………………………（153）
参考文献……………………………………………………（158）
附录：1920—1937年史学期刊所载史学论文表…………（170）
后　　记……………………………………………………（196）

绪 论

一 提出问题及选题价值

近代史学史研究,当然离不开史著、史家、史学流派等。面对丰富多彩的近代史学遗产,从这些方面着手,是我们研究的基本点。然而,就近代中国社会而言,在其不断的转型过程中,除了受到政治、经济、军事、思想文化等因素的影响外,科技文化也同样扮演了重要的角色,有时可以说是更重要的角色。如同造纸术的发明带来了中国古代社会的文化繁荣,使人们由口语传播时代进入文字传播时代,近代报刊业的兴起与发展,同样也带来了近代学术思想的繁荣,促进了社会的发展。近代中国的历次政治、思想文化运动无不与报刊有着密切的联系。从戊戌维新、辛亥革命、五四运动直至抗日战争,报刊以其迅捷、广泛的优势在其中发挥了巨大的舆论导向及思想传播作用。就史学而言,在史学由传统向近代迈进的过程中,报刊同样发挥了巨大的作用。其中,尤以专业类的史学期刊的创立及其发展为最。

近代史学纷繁芜杂,各种流派竞相角逐,不同的学术团体、研究机构此起彼伏,学人之间或相得益彰、或唇枪舌战,史学期刊亦随之得以广泛创办。它们与近代史学的发展相依存,不仅记录了近代史学的发展面貌,本身亦参与其中。不论成败,它们一起描绘了近代史学的多维画卷。

因此,从传播学的角度对近代史学进行研究对我们进一步了解近代史学具有一定的意义。概而言之,为我们了解以下几个方面的问题提供了一定的参考:首先,史学期刊本身属于史学史研究的范围,是近代史学史的重要组成部分,他是如何产生的?发展情况如何?其次,从史学期刊入手,对近代史学的发展状况作出考察,为我们了解近代史学整体发展历程提供了不同的视角,为近代史学史提供了另外一种解读,与以往专注从史家、史书、史学观念出发考察近代史学相比较,这些解读之间是否存在差异?其三,史学期刊作为一种新的事物,这一新的学术建制对学术发展的影响体现在哪些方面?彼此有何联系?进而言之,我们对现代学术事业的发展必须注意什么?

二 课题研究现状

史学研究对报刊的观注并非始于现今,早在1928年张荫麟在《论历史学之过去与未来》(《学衡》第62期,1928年3月)一文中就提出过史学研究引入报刊的可能性,他说"又近世有一种新史料,为古人所未能梦见,厥为报纸(中国在唐代已有朝报,然其性质不能与近日报纸比)。此种史料之重要,西方史家已深切感及,惟今日中国史家尚鲜注意之。"他强调了对报刊资料要予以重视。20世纪80年代,俞旦初通过阅览查找大量的报刊资料,发掘出许多被人们忽视的史料,对近代史学做出了深入的研究,发表了系列文章,勾勒出了近代史学发展的诸种形态,这些文章最后收入《爱国主义与中国近代史学》(中国社会科学出版社,1996年)一书中。但是,他们并没有将报刊作为研究对象来加以考察,更多的是将之视为研究的资料。较早将报刊作为研究对象的始于文学史家,他们提倡对近代文学史从传媒学的角度加以研究,特别注重对近代小说类期刊的研究,甚至有人提出了改写文学史的想法。陈平原是这一领域的有力开拓者,他与日本学者山口守共同编著了《大众传媒与现代文学》（北京：新世界出版社，2003年）一书，从传媒学的角度对近代文学进行了多方面的探讨。

史学界对报刊的关注稍晚，始于20世纪末期，桑兵在《晚清民国时期的国学研究与西学》（《历史研究》1996年第5期）一文中论及了传媒与学术发展的关系，认为国学倡导者大都从事新式文教事业，从私人书院式传习转向凭借近代大众传媒。而对这一舶来品版面的模仿，很容易引起固有学术表述形式的改变。其中，从传统札记变为近代学术的标志——论文，以《国粹学报》为最早（《一个对比》，《贺昌群史学论著选》，第534页）。张越在《五四时期：现代史学的初步建立》（东岳论丛，1999年第2期）一文中，将学术期刊的出现作为五四时期现代史学规模建立的一个重要表现。这些研究都开始有意识地注重近代报刊这种新型传媒对学术发展的影响，但并非是对史学期刊做专门的研究。

明确提出要注重这方面研究的为罗志田，在《20世纪的中国：学术与社会》（史学卷）（山东人民出版社，2001年）一书的序中，他希望充分考察学术建制与史学研究的关系。他认为这些学术建制不仅指大学的历史系和各级各类史学研究所等学术机构，而且包括大中小学历史课程的设置及演变，学术刊物特别是史学专业刊物的出现、发展与影响等。这些学术建制基本上是20世纪的新生事物，其本身的发展演化及其（作为一个变量）对史学学人与史学研究产生的多方面影响，以及双方的互动关系，都是大可深入探讨而目前研究尚不足的领域。因此他在这本书中曾经设计有"说服与证明：出版发表与20世纪史学"这样一个专题，希望讨论出版物（包括报纸副刊、综合及专门学术期刊、书籍出版等）及"发表"这一社会行为对史学及史家的影响。可惜的是，罗志田的设计并未付诸实践。此外，在《新旧能否两立：二十年代小说月报对于整理国故的态度转变》（《历史研究》2001年第3期）一文中，罗志田进一步探讨了杂志的兴起对社会和学术的影响。他认为五四后的中国，办杂志和读杂志者渐有形成一个社群的趋势；梁启超、胡适等诸位

"公认的学问家"被"公认",取代"旧学"的"大著述",本身就是时代变迁的表征,也提示着"学术"及学术的社会评估正由个人长期积累的著述方式转向相对频繁快捷的"杂志"文字的发表。

21世纪初,学者开始对史学期刊进行专题研究。其中,张越、叶建、李春雷从整体上作出了考察。张越、叶建《近代学术期刊的出现与史学的变化》(《史学史研究》,2002年第3期)将重视反映史学研究成果和史学界动态的学术期刊主要分为两类:专门性史学期刊和高校学报类期刊。对专门性的史学期刊的特点做了概括,第一,专门性的史学期刊一般都有一个对历史学的基本的观点,并以此作为其办刊宗旨;第二,专门性的史学期刊非常注意从史学研究的多个方面编发稿件,一期刊物中往往包括了理论、考证、综述和动态等方面的文章;第三,专门性史学期刊杂志所具有的实效性强的媒介作用,有利于及时反映史学研究成果,并积极介绍史学研究的新动态。作者着重分析了《国学季刊》《燕京学报》《清华学报》等高校学报类期刊对历史学研究的作用和影响,认为学术期刊的出现,改变了传统学术相对封闭的治学方式,适应了现代学术发展的基本要求,20世纪以来史学研究的迅速发展,与学术刊物所起到的媒介作用相关。李春雷《史学期刊与中国史学的现代转型——以20世纪二三十年代为例》(《史学理论研究》,2005年第1期)则从学术转型的角度探讨了史学期刊的作用,作者认为史学期刊在中国史学的现代转型中起到了举足轻重的作用,具体表现在以下六个方面:西方史学乃至西方学术动向的大量介绍;梳理了民国史学的学理;推动了中国史学走上综合融创之路;培养了新型的专业史学研究队伍;提供了专业研究的"公共空间";对史学研究本土化的尝试。

上述二文是从传播学的角度对史学期刊进行研究的尝试,虽然是从整体上作大致的考察,但对我们后续作进一步研究开启了道路,拓展了视野。另外,何平《对中国史学的传播学思考》(《华侨大学学报》,2003年第3期)一文,从传播学的角度强调了历史叙事与历史文化传播的关系,认为近代"新史学"的发展,导致了中国史学的叙事性传统趋于萎缩,从而弱化了历史文化的传播功能,因此作者主张要恢复历史叙事的传统。

除了整体上的考察外,一些学者对有关较知名的刊物作了具体的研究。《史地学报》是早期创办的较为知名的史学期刊,李勇、鄢可然《〈史地学报〉对鲁滨逊新史学的传播》(淮北煤炭师范学院学报,2003年第6期),沈卫威《〈史地学报〉及其文化立场》(史学月刊,2004年第3期)对此予以了探讨。李文主要就《史地学报》介绍鲁宾逊新史学、关注其史学活动、翻译其史学作品及相关撰稿人亦接受了鲁滨逊新史学的观念等几个方面做出了分析,认为《史地学报》介绍了鲁滨逊新史学派的代表作,关注其史学活动,翻译其史学著作,同时宣传其史学观念,对中国学术界充分了解这一学派做出了贡献。同时《史地学报》与北京学者何炳松等人的传播遥相呼应,扩大了鲁滨逊新史学在中国的影响;而沈文则是从刊物的出版、对"古史辨"之立场、导师的作用及"史地研究会"的群体意识等方面出发,对《史地学报》作出了考察,认为柳诒徵和竺可桢分别是历史学、地学的导师,他们打造了南京高等师范学校——东南大学的史地学的基础,并在师生中形成了强烈的群体意识,其文化保守主义倾向融入了大学的人文传统之中。

《中央研究院历史语言研究所集刊》作为一份学术价值极高的史学刊物,对近代中国史学产生了很大影响,但现今史学史的研究更多的是将注意力集中在其创办人傅斯年及其研究所本身上,就刊物自身而言的研究并不多见,孔祥成根据1928年至1948年的《集刊》对史语所同人的史料观、史学方法论进行了考察。在史料观方面,他首先从宏观上论述史语所学者治史中的共性,其次通过对《集刊》的解读,从微观上剖析归纳了其史料观,最后评述史语所在求实创新的观念支配下所取得的史学成就(《历史语言研究所学人的史料观——解读1928年~1948年的〈历史语言研究所集刊〉》,《东方论坛》,2002年第5期)。在史学方法上,他认为史语所主要遵循了多学科治史和以语言学治史的方法(《历史语言研究所史学方法论创新初探——以〈历史语言研究所集刊〉(1928～1948年)为线索》,《河北师范大学学报》,2003年第1期)。

1929年由燕京大学历史学会创办的《史学年报》,是20世纪二三十年代众多期刊中知名度相对较高且评价较好的一种,王建伟从学术期刊对学术发展影响的角度对其作了专门的探讨。他认为期刊的兴起是现代学术建制的重要内容。专门性的史学期刊在1920年代末兴起,作为一个典型,《史学年报》在民国同类史学期刊中,既是持续出版年限最长者,又是总体水平最高者。以《史学年报》为代表的史学期刊,是中国史学现代转型过程中的重要内容,他们的大量出现,深刻改变了现代中国史学研究的整体形态(《〈史学年报〉及其学术史意义》,《辽宁大学学报》2006年第5期)。

《禹贡》半月刊因其在历史地理学方面的巨大影响,较受学人重视。朱守芬(《顾颉刚与〈禹贡半月刊〉》,《史林》,2000第1期)、李淑英(《〈禹贡〉半月刊与"禹贡学会"——天津历史博物馆馆藏期刊介绍》,《文物世界》2005年第1期)主要介绍了《禹贡》半月刊及其主办人顾颉刚的有关情况。顾潮(《顾颉刚先生与〈禹贡〉半月刊》,《中国历史地理论丛》1997年第3期)主要介绍了顾颉刚与《禹贡》半月刊之间的关系。田亮(《禹贡学会和〈禹贡〉半月刊》,《史学史研究》,1999年第3期)从四个方面作了探讨,即《禹贡》半月刊的创办缘起,禹贡学派的学术渊源,禹贡学会的学术成就,禹贡学会的历史地位。作者的关注点主要在禹贡学会上,认为创办刊物是禹贡学会的重要活动之一,强调了在民族危机下《禹贡》半月刊的诞生。徐象平(《我国近代学术刊物——〈禹贡半月刊〉的内容及特点试析》,《西北大学学报》,1995年第2期)对《禹贡》半月刊的办刊宗旨、刊物内容及其特点进行了分析,认为其在学术研究上和编辑学研究上都有一定的价值。李习文、张玉海(《〈禹贡半月刊〉回族伊斯兰教研究之特点》,《青海民族研究》2001年第5期)对《禹贡》有关回族伊斯兰教研究的历史背景作了介绍,并概括了其研究的特点,如史地研究与爱国护土相结合的编辑思想,重视边疆民族关系研究,强调回汉团结,初步理清了回族伊斯兰教的发展历史,重视调查等特点。

《食货》半月刊作为一份著名的社会经济史杂志,以前因诸种原因较少被人注意,近来向燕南、尹静、阮兴等人对《食货》半月刊有所关注。20世纪20年代末30年代初的中国社会史论战,促成了中国社会经济史研究的兴起,这一因社会革命运动而起的研究取向,实际上更多的是一种政论,缺少学术的内涵。其严重的流弊是滥用理论,轻视史料。向燕南、尹静首先说明了陶希圣与《食货》的关系,认为陶希圣创办和主持《食货》是其在史学上的最大贡献。并且,他们对《食货》的创办原因进行了探讨,认为《食货》的创办是陶希圣对中国社会史论战作学术反思以及在政治失意后转向教学之境遇的一个结果,也是适应时代思想和学术发展的需要,开拓历史研究新领域的一个结果。同时,他们分析了《食货》创办的史学意义,即明确打出"社会史专攻"的旗帜,对于中国社会经济史研究的开展,起到了拓荒与奠基的作用,而《食货》的成功得益于陶希圣在会通史料与理论之研究理路上的探索(向燕南、尹静《中国社会经济史研究的拓荒与奠基——陶希圣创办〈食货〉的史学意义》,《北京师范大学学报》,2005年第3期)。阮兴《陶希圣与〈食货半月刊〉》则从陶希圣与其时北京学界的关系的角度,对《食货》半月刊的创办背景及其意义进行了探讨,认为在20世纪年代末30年代初中国近代史学重要变动时期,陶希圣在北京"非考据不足以言学术"的氛围中,鉴于社会史论战理论之争的空泛,在学术上调整了思路,创办《食货》半月刊,潜心收集史料,致力于中国经济社会史的研究,在1930年代的中国史学界开辟了新的天地。同时在另外一文中,阮兴对《食货》创办的作用进行了分析,认为陶希圣创办的《食货》,摒弃政论,倡导史料的收集,培植学界新人,加强交流合作,在30年代中期的中国经济社会史界产生了相当的影响,反映了《食货》在近代中国经济社会史学发展过程中所处的重要位置,也在某种程度上展示了近代中国经济社会史学发展的状况和趋势(《〈食货〉与20世纪30年代的中国经济社会史学界》,《中国社会经济史研究》,2005年第2期)。

综观上述研究概况,除了少数学者的研究外,多数学者对史学期刊的讨论,更多的是以刊物自身的影响大小为出发点进行考察的,而非从史学期刊作为一种新的学术建制的角度来看待问题。虽然如此,前人的研究成果为我们进一步研究提供了可资借鉴的视角,对史学期刊系统实质的研究将是我们前进的方向。

另外,张越、陈以爱等人对国学类期刊对近代史学发展的影响也进行了探讨。张越认为《国学季刊》伴随了中国史学的近代化历程,反映了当时的史学研究状况,并且显示了其编辑的特色,在当时产生了广泛的影响(《〈国学季刊〉与中国史学近代化》,《北京大学学报》,1998年第4期)。陈以爱《中国现代学术研究机构的兴起:以北大研究所国学门为中心的探讨》(南昌:江西教育出版社,2002年)一书专列一章探讨了北大《国学季刊》《国学门周刊》《国学门月刊》等刊物,对其研究的整体趋向与特色进行了分析,同时阐述了刊物的发行对学术观念的传播、学术讨论的进行、学者共识的凝聚乃至学术运动的形成等方面的作用。

同时,在这方面做出相关专题研究的有两篇博士论文,其一为刘兰肖博士的《清末民初的报刊与史学》(2004年,陈其泰教授指导)。作者将清末民初的报刊范围定为1895年至1921年,系统地考察了这一时期与史学相关的主要报刊专栏和副刊以及专业学术刊物上的史学论著和通俗文章、报刊政论、报刊"新书介绍"等项内容及其所产生的社会反响和学术影响。从报刊与中西史学的交汇、报刊与史学的科学化、报刊与史学的大众化、报刊与史学社会功能的加强等四个方面做出了探讨。其二为杨建华博士的《中国近代教育期刊与近代教育发展——以上海近代教育期刊为例》(2005年,金林祥教授指导),作者首先梳理了中国近代教育期刊的发展历程,从近代教育期刊与近代教育理论传播、近代学制嬗变、近代教育方法的变革等几个方面对近代教育期刊做出了系统的考察。虽然上述研究不是专门探讨史学期刊,但是其研究的角度对我们的研究有一定的启发意义。

三 研究方法及有关概念的界定

本书主要的目标是拟在对20世纪二三十年代史学期刊进行系统考察的前提下,对近代史学的发展面貌作出不同角度的解读,从而透视出近代史学期刊对近代史学发展的影响和作用。因此本书的研究方法主要遵循以下原则:

1.历史主义的方法。在尽量尊重并吸收前贤研究成果的基础上,以历史文献资料作为根本之研究材料,在充分掌握史料的基础上,对史料进行梳理,从而得出结论。

2.历史学与传播学相结合的方法。史学期刊是近代社会的产物,作为一种新型媒介,要分析其功能与价值,需要借用传播学的概念及理论,但并不是说以理论来套材料,而是要具体问题具体分析。

3.贯通的考察与重点研究相结合。近代史学期刊门类众多,系统的勾画出其发展面貌,对于了解其对近代史学的影响大有裨益,但由于不同的刊物存在的时间长短不一,且影响力也不同,因此,不可能对每一种刊物都做出详尽的考察,只能尽可能以有代表性的期刊来作为专题考察的对象,但并不是说我们放弃从整体上的观察。

学术界对于近代"史学期刊"的界定,有时为了研究的方便,各有不同的界定和划分,因此本书需要对此作出明确的界定。对于期刊的定义有不同的说法,有广义狭义之分,从广义上讲,报纸、杂志等连续出版的刊物统称为期刊,从狭义上来讲,应该指专门性连续出版的杂志。目前较为公认的观点是指有固定名称,每期版式基本相同,定期或不定期的连续出版物;其内容一般是围绕某一学科和某些学科或某一研究对象,由多篇文献资料编辑而成,用卷、期或年、月顺序编号而成。按照这一标准,本书将研究对象限定在杂志上,对于报纸不予考虑。因此,对于一些在20世纪30年代出版的报纸副刊类刊物,如:《大美晚报》(上海)之《历史周刊》、《华北日报》(北京)之《史学周刊》、《大公报》(天津)之《史地周刊》、《益世报》(天津)之《史学》、《河南民国日报》(开封)之《史学》、《中央日报》(南京)之《史学》、《星光日报》(厦门)之《史哲周刊》,本书拟不作为考察的对象。

而对于下列类型的刊物,本书则列入考察范畴:

1.史地类刊物:民国学人往往将史学与地学并提,认为二者乃"实学","史地学示人以真确之历史背景与地理背景,为各种科学之根本"(《史地学报》第1卷第2期《启事》,1922年2月)。因此在20世纪二三十年代出现一些以"史地"名之的刊物,史学论著在其中占据很大分量,本书将有关这类刊物作为史学期刊来看待。

2.历史语言类刊物:如同地学一样,民国学人亦将语言学和历史学同等看待,这应该说与二者本身的治学方法相关,因此,在20世纪二三十年代也出现以"言语历史"或"历史言语"名之的刊物,多刊载史学类论著,本书将此类刊物也划归史学期刊。

3.专门史类刊物:史学期刊发展到30年代,开始出现了专门史类史学期刊,《禹贡》、《食货》这两种刊物的创办是其显著代表,专门类史学期刊是史学发展不断深化的表现,本书于此亦加以探讨。

本书将研究断限定为20世纪二三十年代,其原因主要是基于史学期刊的发展状况。五四前,中国报刊业虽有较大的发展,但真正学术性的刊物并不多,至于专业性的史学刊物更是阙如。其时,《国粹学报》是从政论性刊物向学术性刊物转化的典型,但并非以史学为主。五四以后,一股兴办期刊的热潮兴起,不同类型的期刊大量涌现,史学期刊也

绪 论

在这时开始产生。其中,1920年北京高师创办的《史地丛刊》及1921年南京高师创办的《史地学报》等史地类期刊是较早创办的史学期刊,因此本书将研究起点定为20世纪20年代初期,是为史学期刊的创始时期。

20世纪二三十年代,史学期刊有了较大的发展,直至1937年全面抗战的爆发,举国上下投入到抗战的激流中,稳固的学术研究环境不复存在,学术类的刊物在此时走入低谷,许多刊物甚至有名的报纸都停刊,史学期刊也随之减少。因此本书将研究的时间下线限定到1937年。

四 研究思路及框架

第一章:1920—1937年史学期刊概述。本章主要是分门别类对20世纪二三十年代史学期刊的总体发展情况做一番梳理。在考订各种刊物的创办时间、期数、发行状况等的基础上,对其编辑思想、宗旨做出应有的考察。同时力图总结史学期刊在这一时期的发展特点:1、从刊物的发行时间看,存在的时间大都较为短暂。2、从早期的史地类、历史语言类期刊到专门史类史学期刊的创立与兴起,这一发展历程表明了中国近代史学转型的特点,真实地反映了其时史学发展的状况,史学的学科性不断得到加强。3、史学期刊的创办大多与大学及各种研究机构相关,表明了近代学术机构与新型传播机制的结合在近代中国的完成,这一新型学术机制对中国史学的发展理应产生重要影响。

第二章:史学期刊与西方史学的传播。本章主要就史学期刊所刊载的论文、相关的出版消息及"史学界消息"等内容,对史学期刊在关注西方史学及传播西方史学理论两个方面作出考察,前者主要探讨了史学期刊对西方学者中国史研究的译介与对西方史学发展历程和研究现状的关注,后者主要论及史学期刊对鲁滨逊新史学的传播,说明史学期刊在其中的应有作用。

第三章:史学期刊与史学人才的培养。与史学在传统社会居于亚位,在经学之末的地位相比,20世纪20年代以前,史学并不受到应有的重视,整个社会及学者群体关注更多的是自然科学、社会学、文学等(当然,这只是就总体情况而言,不同时期也有不同的表现形式)。而史学期刊的出现对于培养史学人才起到了积极的作用,不仅通过自身的发行传播起到了影响作用,同时为青年学子发表史学研究成果提供了机会。另外,史学期刊也刊载了一些讨论历史教育问题的文章,对大中小学的历史教育问题做出了探讨。

第四章:史学期刊与史学思潮。一定时期内史学期刊的总体数量及其影响反映了史学发展的不同面貌。本章主要就20世纪二三十年代出现的史学思潮进行分析,说明史学期刊在确立及其形成这一思潮所产生的作用和影响。本章主要探讨了《史地学报》《史学与地学》《史学杂志》《史地杂志》与史地学派,《中央研究院历史语言研究所集刊》与史料学派,《禹贡》半月刊与历史地理研究,《食货》半月刊与社会经济史研究等问题。

第五章:史学期刊与史学研究公共领域。史学期刊的创立,确立了史学研究的公共领域,史学研究不再是独门闭户之学,成为"天下之公器",学人可以各抒己见,同时许多刊物辟有"史学消息"专栏,发展到后来,有了《史学消息》的创办。这些为学术的发展提供了更多交流的机会。学术论争不断出现,古史论战是其典型代表。

第六章:史学期刊与史学研究范式的转型——以《史地学报》为中心。史学研究范式的转型主要包括历史观念、史学价值观念、史学研究选题指向、史学研究成果的表述方式等几个方面。史学期刊通过刊载这方面的论文,在推动中国近代史学研究范式转型的过程中起到了积极的作用,本章主要以《史地学报》为例进行了探讨。

第一章 1920—1937年史学期刊概述

中国早期近代化报刊由外国传教士创办,为了适应资本主义市场扩张的需求,面对实行闭关政策的清朝政府,早期完成工业革命的西方列强派遣传教士来华,利用报刊进行文化渗透。1815年8月5日,第一个中文近代报刊《察世俗每月统记传》在马六甲创刊,该刊为月刊,开始每期印数为500本,其后每期增至2000本,至1819年5月共印3万多本。流传范围主要包括"南洋群岛、暹罗、安南各地华侨荟萃之区,而中国境内亦时有输入",主要内容"以阐发基督教义为根本要务"[①],因此该刊有关宗教内容占绝大多数,也有关于伦理、科学知识等方面的内容,《察世俗每月统记传》于1821年因创办人米怜病逝而停刊。其后,1833年8月1日,中国境内第一份中文报刊——《东西洋考每月统记传》在广州创办。《东西洋考每月统记传》在形式上沿袭了《察世俗每月统记传》的风格,使用雕版印刷、线装书款式,封面设计也一样。但由于在中国境内出版,受清政府教禁所桎,在内容上有了较大变化,宗教色彩开始淡化,科学文化知识成为该刊的主要内容,编者试图以此来改变中国人对邦外之人的看法。例如从创刊之日起,连续11期刊载麦都思所撰《东西史记和合》,以中西历史相对照,意在说明中国历史与西方国家相似,不应有所隔膜。

至鸦片战争以前,这种近代化报刊并不多见,连同时期在南洋出版的《察世俗每月统纪传》等在内,中文报刊共6种,其中,在中国境内出

---

① 米怜:《基督教在华最初十年之回顾》,六甲英华书院,1820年。

版的只 3 种①。鸦片战争以后,教禁重开,外国传教士来华人数增多,教会报刊的数量也开始增加,1890 年,据基督教会对中国报刊出版情况的调查,在先后出版的 76 种报刊中,"十之六系教会报"②。

戊戌维新前后,中国人开始大量创办报刊,从 1895 年到 1898 年,全国报纸总数增加 3 至 4 倍,特别是维新变法条例公布准许自由开设报馆之后,全国新办报刊更是风起云涌。《时务报》《知新报》《湘学报》《国闻报》等作为具有代表和影响力的报刊,与其时诸多报刊一起形成了中国人创办报刊的第一个高潮。戊戌变法失败后,清政府下令查禁报馆,中国报刊业走入低谷。

至五四时期,新文化运动蓬勃展开,报刊的创办重新进入一个新的高潮,仅 1919 年全国新创办的报刊就约有 400 种。到了 20 世纪二三十年代,报刊的发展逐步进入成熟的轨道,各种带有专业性质的学术刊物大量创办,史学期刊也正是在这一时刻得以产生和发展,并逐步取得较为明显的社会影响③。

史学期刊的创办与发展,当然离不开社会发展的影响,是诸多社会因素合力的结果,诸如大学的创办及学制体制的改革等等。但是,从报刊发展的历程来看,史学期刊的产生更是报刊发展本身由专业性和学术性相结合的结果。专业性报刊的出现较早,在戊戌前后就曾出现过农业、数学等方面的专业性报刊,如《农学报》《算学报》等都是集中刊载相关专业文章的刊物,但其内容以介绍、翻译、普及相关知识为主,缺乏学术性质。到 1905 年以后,报刊"分科发达之趋势"日趋明朗化,一些

---

① 参见方汉奇主编:《中国新闻事业通史》(第一卷),北京:中国人民大学出版社,1992年,第 271 页。
② 李提摩太:《中国各报馆始末》,《时事新论》卷一,上海广学会,1898 年。
③ 据 1902 年 4 月下旬的《时务汇编》续集第二十六册所载"新旧各报存目表"(杨光辉等编《中国近代报刊发展概括》一书转载,新华出版社,1986 年,第 7 页),其中有一种名为《史学报》的报刊,为月刊,有可能是中国最早存在的史学报刊,但在当时就已佚,可谓昙花一现。因此有关该刊的具体情况,我们不得而知,故存而不论。由此,我们将史学期刊的产生时间定为 20 世纪 20 年代。

刊物开始向学术性过渡,其中最有代表性的是1905年创办的《国粹学报》①,至民国初期,以学术为主要内容的报刊已达到18种之多②。这种逐步专业化、学术化的意识相结合,最终导致了20世纪20年代初期史学期刊的产生。

一　史地类期刊

中国最早的史学期刊是史地类期刊。20世纪二三十年代,史学与地学往往被学人并提,析其原因大概来自两个方面:其一,认为二者乃"实学","史地学示人以真确之历史背景与地理背景,为各种科学之根本"③。史地之学的重要性,柳诒徵在为《史学与地学》所作"弁言"中的说法较有代表性,他说:"宇宙者,时与空之和也。时无终始,空无畔岸,相赓相错,而成历史,而形地理。故欲明宇宙之真相,舍治史地,其道无由。国家者,亦时与空之和也,划时而为世,载空而为域,纵则有史,衡则有地。故欲知国家之真谛,舍治史地,其道无由。人生者,亦时与空之和也,演以年寿,孕以风土,心量所函,惟历史与地理所宰制耳。故欲识人生之真义,舍治史地,其道无由。"④柳诒徵将史地之学视为探求"宇宙之真相"、"国家之真谛"、"人生之真义"的根本路径,其重要性可见一斑。

其二,史地之学并提与中国传统学术有一定的关联。在中国传统学术分类中,史学包含甚广,举凡天文、地理、经济、宗教、民俗等皆被纳

---

① 关于这一问题,刘兰肖博士《清末民初的报刊与史学》(2004年,陈其泰先生指导)一文有专门探讨,可以参考。贺昌群亦提到"我国学术文字最初具有论文形式的,似以光绪三十一年(一九〇五年)创刊的《国粹学报》中所载为最早。"贺昌群:《一个对比》,吴泽主编,金自强、虞明英选编《贺昌群史学论著选》,北京:中国社会科学出版社,1985年。
② 戈公振:《中国报学史》,北京:三联书店,1955年,第186—188页。
③ 《启事》,《史地学报》,第一卷第二期,1922年。
④ "弁言",《史学与地学》,第一卷第一期,1926年。

入其中。因此,史家一般将史学与地学合而为一,不作具体的划分。民国时期,这一学术分类传统继续延续下来,虽然有了地理学之概念,但往往与史学相并而提。其时,如北京高师和南京高师都设有史地部,与理化等部相对应。这在一定程度上反映了史学在由传统向近代转型的过程中,随着社会学、政治学、经济学、法学等诸多学科的独立,史学研究领地出现一种"收缩"的景象。史地之学并提是这一情状处于过渡中之表现。

基于上述原因,在对刊物的命名过程中,早期的史学类刊物大多都以"史地"并称。在20世纪二三十年代,有关史地类期刊,共计8种,其刊名、创办者、及其创刊时间,见下表:

史地类期刊一览表

刊 名	主办者	创刊时间
史地丛刊	北京高等师范学校历史地理学会	1920年
史地学报	南京高等师范学校史地研究会	1921年
史地汇刊	北京高等师范附属中学校友会史地部	1923年
史地研究	北京直隶省立第三中学史地研究会	1924年
史学与地学	中国史地学会	1926年
史地社会论文摘要月刊	上海大夏大学史地社会研究室	1934年
史地半月刊	北京史地补充教材编译社	1936年
史地杂志	贵州遵义国立浙江大学史地学系	1937年

上述期刊创办的时间不一,且存在的时间、所产生之影响也不同。从时间范围来看,主要集中于20世纪20年代早期,从地域范围看,主要分布于北京、南京、上海等地。而且,基本上是依托学会组织而创办。其中,以南高师生创办的史地类刊物影响较大,并由此而产生了史地学派之说[①],下面我们对这些刊物作较为详细的介绍。

---

① 有关史学类期刊与史地学派的关系问题,下文将有详细阐释,见本书第四章第一部分。

(一)《史地丛刊》

史地类期刊,以1920年由北京高等师范学校历史地理学会(简称史地学会)创办的《史地丛刊》为最早,该刊为史地学会的会刊。史地学会设有干事部、编辑部、出版部、研究部等,是早期较为正式的学会组织。学会会员以北京高等师范学校历史地理部的在校学生及毕业生为主,同时历史部的任职教员和专任教员也悉数参加,其他人员的加入则需要2名以上会员的介绍。学会明确规定了会员的权利和义务,比如会员享有选举权、被选举权、提议权、表决权以及免费获得会刊的权利,同时也有交纳会费、投递稿件、报告教授心得的义务。而且学会各部门分工明细,以研究部为例,为了研究便利,研究部分为12个小组,分别为:制造组、摄影组、翻译组、地方调查组、时事编辑组、中史研究组、西史研究组、史学研究法组、地理研究法组、史学原理组、教科书审查组、教科书编制组等。史地学会以"研究历史地理交换学识为宗旨"①,除了自身不断努力研究外,还聘请当时著名的学者进行演讲,如聘请梁启超做过演讲,梁启超以"历史上民族之研究"为题,演讲历时近4个月。其后,并拟聘请胡适、张蔚西、沈士兼等学者来演讲。

《史地丛刊》的"投稿规则"规定论文"以关于历史地理之范围为限,其能阐扬史地学理以活用于现实诸问题者"②。《史地丛刊》原计划每年出版3期,因为当时学潮和经济方面等问题,没能按期出版,直到1922年出版第1卷第3期,发行方面改为统一由上海中华书局承办,但是在本期以前订阅的读者,仍旧由史地研究会寄送刊物,价格不变,而在第3期以后的订阅者则按照新定的价目订阅。至1923年4月,因总编辑何炳松请假南下,无人负责,以至第2卷第2期不能按时出版,于是在扩充内容和专注实际研究方面的基础上将2、3期合为一刊。此

---

① 《会务纪事》,《史地丛刊》,第二卷第一期,1922年。
② 何炳松:《史地丛刊·发刊词》,《史地丛刊》,第一卷第一期,1920年。

后,从第2卷第2、3期合刊的启事上得知第3卷第1期准备1924年4月底出版,是否是《史地丛刊》最后一期,不得而知,停刊时间未详。

史地学会会员录①

姓名	别号	籍贯	通信地址
逯义方	桂五	直隶清丰	清丰县城内劝学所转
梁杰	光汉	河南内黄	本县城西关本宅
陈葆德	培之	安徽天长	本县城内西门后街
翁德	敬六	安徽天长	本县城内北门大街
张莆沺	香亭	直隶玉田	本县城内高小学校转
陈圣	铎民	浙江平阳	平阳北港坎头
贾后奇	文卿	山西屯留	屯留第一高等小学转
汪振江	注之	直隶完县	本县城内南街仁义和转交
王作宾	国芹	甘肃狄道	本县城内墨闸门
姚长龄	松亭	甘肃正宁	本县城内永和裕转
汪汉宗	友陶	四川广安	本县锦泰亨转三溪河场
徐晋澐	云波	浙江兰溪	本县南门外天生堂收转
蒋崇谦	友尊	陕西武功	武功县大什寓诚盛东药铺
王钟鹏	程九	京兆宝坻	京东宝坻县新安镇益记转
韩镜明	耀洲	直隶定县	定县城东五女集盐店转大礼前街交
郑资约	励俭	直隶衡水	本京宣外香炉营头条四十号
姜松年	寿杉	黑龙江拜泉县	吉林长春朱家城子天厚德
张登魁	元文	绥远萨拉齐县	
张明德	润轩	陕西乾县	本县城内义顺生号转
李楷	王斋	陕西榆林	本县城内镇署巷李宅

另外,除《史地丛刊》外,1923年北京高等师范附属中学校友会史地部又有《史地汇刊》之创办,该刊仅出两期而停刊,所发表的文章主要由北京高师附属中学学生所作,影响不大,但反映了其时史地之学并提的情状。

---

① 据《史地丛刊》1922年第一卷第三期附录编制。

(二)《史地学报》

《史地学报》创刊于1921年11月,由南京高等师范史地研究会创办,上海商务印书馆发行。史地研究会原本于1919年10月1日成立地学会,同人"鉴于地学与史学,似不宜偏此忽彼",因此有1920年5月13日史地学会之创立,并决议出版《史地学报》作为交流的平台和发表研究成果的园地,"以供社会之商榷"。至第三届"筹备刊物"成为"最注力之事",本届总编辑为张其昀,开了三次编辑会议(1921年3月17日、4月20日、6月10日),并询求指导员的意见,于1921年6月17日南京高师出版委员会同意《史地学报》为学校的丛刊之一[①]。

《史地学报》作为史地研究会的出版刊物,得到了学校和导师的有力支持,最初聘请本校教师柳诒徵、徐则陵、竺可桢三人为指导员,其后陆续有白眉初、王毓湘、朱进之、梁启超、陈衡哲、顾泰来、萧纯锦、曾膺联、杜景辉等被请为研究会的指导员。有这样一批各擅所长的学者指导与熏陶,使其学术质量得到了有力的保证。同时,作为研究会的会刊,《史地学报》从编辑到联系出版都具有较强的组织性,能够保证刊物的顺利出版。每届职员选举都注重编辑人选,张其昀、陈训慈、缪凤林、陆维钊、郑鹤声等人相继担任过总编辑或编辑主任。编辑会议经常讨论刊物的栏目设置问题,从随刊登出的编辑启事中可以明显地看出同人之用心良苦,其中以第1卷第3期刊登的《编辑要则》最为清楚,通过前两期出版后的社会反映,同人经过共同讨论认为"编辑内容,益图改善。举其要端如下:1、考证论评,务为并重;2、新闻时事,增其材料;3、介绍新出之名著;4、流通中外之消息;5、述教学以供教者之参助;6、列调查以促考察之兴趣;7、报告气象;8、插印图片。"以此为准则,将编辑内容分为评论、通论、史地教学、研究、古书新评、读书录、杂缀、世界新

[①] "附录",《史地学报》,第一卷第一期,1921年。

闻、气象报告、书报介绍、史地界消息、调查、史地家传记、谭屑、专件、选录、书报目录、通讯、插图等 20 个门类,"务求充实内涵,冀于学术有所贡献,于学者有所裨助"①。

《史地学报》原本定为季刊,年出 4 期。自第 2 卷第 1 期起因为季刊"卷帙繁重,印刷迟延;时事之论,辄失时效",遂改为月刊,除学员放假休息外,年出 8 期(第 3 卷 1、2 期合刊)。至 1926 年 10 月第 4 卷第 1 期的出版后,因为东南大学易校长的风潮②,史地研究会解体,《史地学报》遂停止刊行,5 年间共出版 4 卷 21 期③。

(三)《史地研究》

《史地研究》创刊于 1924 年 6 月,由直隶省第三中学校史地学会编辑发行。该校史地学会创办于 1923 年,其目的是为了学生在课余时间在教员的指导下研究历史地理等问题,从而养成留心时事、研究学术的兴趣。在《史地研究会简章》中明确表明其宗旨是"研究史地学术"④。该会成员以该校有志于研究史地问题的学生组成,以该校史地教员和其他对史地有兴趣的教员担任指导员,指导学生进行研究。随着研究稿件的逐步丰富,于是有了《史地研究》的创刊。其创刊宗旨主要包括三个方面:其一、史地两科材料繁博,时事材料尤为散漫,因此有必要进行搜辑,以便参考;其二、会员的研究各自成篇,不进行印订,容易失散,因此选择较为精粹的文章汇刊,以便保存;其三、通过发行会员的研究结果,可以更好地进行学术交流,以求有所教正。《史地研究》第 1 期于 1924 年 6 月出版,标明为国耻纪念号,其原因在发刊词中有所论及:"5 月 29 日为我国民痛心疾首之纪念日,各处机关学校多休业纪念,本校

---

① "编辑细则",《史地学报》,第一卷第三期,1922 年。
② 1921 年南京高等师范学校改名为东南大学,《史地学报》自第三卷始,封面所署编辑者亦改为"东南大学史地研究会"。
③ 《史地学报》所载历史类论文见附录。
④ 《史地研究会简章》,《史地研究》,第一卷第一期,1924 年。

史地研究会以徒作新亭之流涕无益国势之恢复,思以系统之讲演激发雪耻之热忱,特将国耻之由来、交涉之经过以及关于国耻纪念之种种问题,分别研究以次讲演。兹按当日讲演次序将讲稿刊发国耻纪念号,为本刊之第一期,聊以作国民立庭之呼云尔。"①1924年8月,第2期出版,在封面首页反面刊有"本刊启事",对第二期的内容做了说明,其声明如下:"关于中俄交涉问题,本刊原拟特刊专号讨论,嗣以中俄协定大纲业经签字,正式中俄会议预备开会之际,国人对于协定大纲成立之经过及俄国之情形急愿得一系统观念,故提前于本刊第2期发表。至于正式中俄会议开会后之情形,本刊当继续与国人究研讨论,特此声明。"②该刊停刊时间未详。

(四)《史学与地学》

《史学与地学》为中国史地学会的出版刊物。中国史地学会,成立于1926年初,由张其昀、向达等人组织,共同推举柳诒徵为总干事,其主要成员以南京高师史地研究会骨干成员为主,可以认为是史地研究会的继续。其时中国史地学会的成员并不在一起,如向达、张其昀在上海,陈训慈在浙江,柳诒徵在北京女子大学,缪凤林等在东北,因此,主要是通过编辑出版《史学与地学》将学会成员联系起来。在中国史地学会"启事"中,对具体的职责作了粗略的规定:"海内人士如于本会会务有所问询者,可迳函北京女子大学柳先生处,如于本志有所商榷,或惠赐稿件者,请函致商务印书馆编译所向达、张其昀二君。"③说明会务主要由柳诒徵负责,而具体的出版刊物等事宜则由向达和张其昀负责。柳诒徵在"弁言"中对史地学会成立之宗旨作了说明,柳诒徵首先强调了史地之学的重要性,其后又说明中国向来为"以专有史地之学之族",

---

① "发刊词",《史地研究》,第一卷第一期,1924年。
② "本刊启事",《史地研究》,第一卷第二期,1924年。
③ "中国史地学会启事",《史学与地学》,第一卷第一期,1926年。

但是"族性之漓,盖在近代,一坏于科举之八比文,再坏于学校之教科书,三坏于贾竖盗窃之执国柄而擅方州。闭聪塞明,绝圣弃智,日造丑史,人污净土。而一二高瞻远瞩之士,求知四国之为者,观于东西学者纪述之丰、科条之精、研绎之密、测验之审、发掘之广、会计之明、图绘之周,乃黄然叹昭聋之不相侔,而谋所以振吾族文明之零落,中国史地学会之兴,职是故也"①。柳诒徵认为史地之学在中国本来是较为发达的,但是近代以来受各方面的影响导致日趋落寞,与西学对比,更显落后。柳诒徵以西方学术发展为参照,力图通过创办《史学与地学》来挽救中华民族"文明之零落"。

《史学与地学》的刊名由梁启超题写,从1926年5月1日出版第1期,至1928年10月1日停刊,共出版4期,发表史学类论文25篇②。虽然文章不多,但王国维、梁启超、陈汉章、竺可桢、柳诒徵、何炳松、钱穆等著名学者都在上面发表过文章,使得《史学与地学》具备了较高的学术水平。

(五)《史地社会论文摘要月刊》

《史地社会论文摘要月刊》由上海大夏大学史地社会研究室创办,月刊,每月20日出版,每年出版12期,由上海大夏大学史地社会学研究室出版部发行。《史地社会论文摘要月刊》作为摘要性的刊物,其宗旨是为了读者阅读方便。在发刊词中提到:"自从《人文》倡办了'杂志要目索引',阅读杂志的人,得到了不少的方便,唯阅者仍须读完了原来的论文,方能知道该篇的内容,这多少是一件麻烦事。并且许多文章常常'文不对题',内容与题目,竟会全不相符,看了题目常有'上当'之虞。为了补救这种弊病,国立编译馆所出版的《图书评论》就举办了一种'杂志论文分类摘要',他们的范围虽只限于教育、社会、哲学、文艺,他们的

---

① "弁言",《史学与地学》,第一卷第一期,1926年。
② 有关《史学与地学》所载史学文章见附录。

代劳工作,使读者省了不少的时间和精力,受惠真是匪浅。现在《图书评论》因种种关系而停版了,这类工作竟没有人来继续下去,这实是出版界的不幸。本系同学既感这类工作的重要,又苦无处再得这类的指导,于是不揣简陋,将《图书评论》一部分的摘要工作,继续下去,以尽我们一些微薄的贡献。"①

在创刊之初,因为筹备较为仓促,只能将杂志中较为普通的加以摘要。如第1期,历史类文章所摘要的杂志仅仅包括《东方杂志》《哲学社会科学季刊》《中国经济》《中山文化教育馆季刊》《人文月刊》《经济学集刊》《新中华杂志》《新社会科学季刊》等八种杂志。随着刊物的不断发展,所收入的杂志范围越来越广,同人也"希望逐渐能将全国有关于史地社会的杂志及报章论文,都能加以介绍。并且,到了相当时期,我们还想进一步的把外国杂志上的重要史地社会论文摘要起来,使无暇或不能阅读原文的读者,也可间接地加以利用。"②基于这一考虑,随后,《清华学报》《新文化》《大夏学报》《政治月刊》《建国月刊》《文化建设》《史地周刊》《新亚细亚》《日本评论》等诸多的刊物都包含了进来,如第2卷共摘录重要之史地社会论文892篇,其中历史论文354篇,地理论文208篇,社会论文330篇,"一年来全国出版杂志有关是类研究之论文几皆搜尽"③。同时为了便于史地社会学者的参考与参阅,还编订了合订本发行。另外,其中最有特色的是该刊对于《禹贡》、《食货》两种杂志给予了充分的关注,基本上每期都对其进行摘要。

《史地社会论文摘要月刊》从1934年10月20日出版第1卷第1期,至1937年6月20日出版第3卷第9期,维持了接近3年时间。分别设有"历史栏""社会栏"和"地理栏",内容各占总数的三分之一左右。作为早期摘要性质的刊物,其产生与中国近代报刊业的兴起和发展相

---

① "发刊词",《史地社会论文摘要月刊》,第一卷第一期,1936年。
② "发刊词",《史地社会论文摘要月刊》,第一卷第一期,1936年。
③ "启事",《史地社会论文摘要月刊》,第二卷第十二期,1936年。

关,正因为报刊业的大力发展,阅读量增多,且优劣不易辨认,才有了摘要性刊物出现的需要,《史地社会论文摘要月刊》的创办很好地说明了其时学术刊物发展的一种蓬勃景象,且本身亦对于促进学术交流产生了积极的影响。

(六)《史地半月刊》

《史地半月刊》创刊于1936年,由北京史地补充教材编译社主办,北京和平印书局出版发行,在天津、武汉等地都设有代售处。该刊为半月刊,1936年11月创刊号出版,随即因日本发动全面侵华战争而停刊,现存创刊号一期。其性质是"在作学术上的普遍化和通俗化的介绍工作"①,内容以史学地学为主②。因其时国内外时局紧张,该刊较为关注时事,如登载"时事讲座",以"中国问题的严重"为题,分析了中日外交关系的紧张情形及日本图谋侵略中国的野心。同时发表了郭秀敏《中国之主要资源》一文,作者认为"国际风云紧急之今日,各国均需谋军备之扩充……我国欲求民族之生存,国家之安事,不起急直追,国亡无日矣。世人皆知今日之战争,非血气之勇,腐败之军备所为功。爰就匹夫之义,略述战时所需军火及动力资源之问题,愿国人共起讨论,以抵于详明确实。"③该文就中国矿藏之钢铁、稀有金属等作了讨论和介绍。由此可以看出因当时浓密之战争氛围,史学刊物也较为关注与战争相关的问题。

(七)《史地杂志》

《史地杂志》创刊于1937年5月,由其时设在贵州的国立浙江大学史地学系创办,至1942年该刊还维持着出版,不过由于抗战时期条件

---

① "介绍史地半月刊",《历史教育》,第一卷第一期,1937年。
② 有关《史地半月刊》所载论文目录见附录。
③ 郭秀敏:《中国之主要资源》,《史地半月刊》,1936年创刊号。

有限,只能用油印出版,是全面抗战时期惟一保持出版的史地类刊物。《史地杂志》依托于国立浙江大学史地学系,其创办与时任浙江大学史地学系主任的张其昀相关,主要由其倡导兴办,而且张其昀还为刊物作了"发刊词"。张其昀原为南高史地派骨干成员,《史地杂志》可以说是南高史地学派的继续。其中,张其昀、景昌极、王庸、陈训慈等人都在此刊发表过文章。《史地杂志》创办于抗战前后,因此除了有关学术问题的研究外,更多地是将历史地理的研究与现实相结合起来,比较关注国内外地理及战争方面的历史①,最有代表性的是张其昀《中国历史上之国防区域》《中国历史上之建国精神》等论文②。

二 历史语言类期刊

历史语言类期刊在20世纪二三十年代并不多见,只存在两种,分别为《国立第一中山大学语言历史学研究所周刊》《中央研究院历史语言研究所集刊》,因为这两种刊物分别作为国立第一中山大学语言历史学研究所和中央研究院历史语言研究所的专门刊物,在学术界都有较大影响,所以我们将其归为一类加以讨论。按照现代学术分类体系,历史学与语言学分属不同的学科,能相提并论,应该说与傅斯年有很大关系。1926年8月,国立广东大学改名为国立中山大学,为了促进学校的学科建设,陆续聘请了一批其时有影响的学者来校任教,傅斯年被聘为文史科(后改为文科、文学院)主任。1927年6月20日,傅斯年主持

---

① 《史地杂志》所载论文目录见附录,因论题所限,仅附录有关1937年七七事变之前一、二两期目录。

② 张其昀认为"国防区域虽当以边疆为主,但内地亦不容忽视,况中国受不平等条约之束缚,外国兵船深入内河,如长江沿岸何当非国防重地,兹限于时间,谨略述历史上各区域战争得失之故,及其与国势隆替之关系,彰往察来。"(《中国历史上之国防区域》《史地杂志》创刊号)史学之经世作用,由此得以阐发。

的中山大学文史科第四次教授会议决定,设置语言历史科学研究所、心理学研究所等。同年8月间,文史科分别开始筹备成立教育学研究所和语言历史学研究所。1927年11月1日《国立第一中山大学语言历史学研究所周刊》(以下简称《周刊》)第1集第1期出版。1928年1月,国立中山大学语言历史学研究所正式成立,傅斯年任研究所主任。其后,傅斯年于1928年10月创立中央研究院历史语言研究所,并创办《中央研究院历史语言研究所集刊》(下简称《集刊》)。

《周刊》每周发行一期,每期登载的文章不多,但发行周期短,从1927年11月创办,至1930年5月21日出版杨志成《云南民族调查报告》,共出版11集,132期,其中,顾颉刚、傅斯年、胡适等人都在上面发表过研究著述。其后朱家骅继任国立中山大学校长时,因校款支绌,该刊停办。

《集刊》作为中央研究院历史语言研究所出版物之一,第1期于1928年10月出版,以一期叫作一"分",每四"分"为一本,在每一本末附有"目录索引"和"作者索引"。因时局动荡,历史语言研究所几经迁徙①,但《历史语言研究所集刊》仍能维持出版,直到1949年,它在大陆共出到第二十本,发表论文500余篇,另有《人类学集刊》、《安阳发掘报告》等附录。《集刊》因为有雄厚的财力支撑,直至迁往台湾,一直保持着出版。在当时学界产生了很大的影响,至有以傅斯年为中心的"史料学派"之称谓②。

应该说《周刊》和《集刊》的创办都离不开傅斯年的努力,为何要以历史学和语言学相提并论,与傅斯年对历史学和语言学的认知相关。傅斯年认为,中国的历史学、语言学发达早,有光辉的历史,但近代以来

---

① 1928年,史语所在广州正式创立。1929年史语所由广州迁往北平。1933年因华北局势紧张,史语所迁往上海,又于1935年迁往南京。随后又迁往长沙、昆明、四川南溪李庄,直至抗战胜利,重返南京。

② 有关《集刊》与"史料学派"的关系,参见本书第四章第二部分。

却落伍了。"中国境内的语言学和历史学的材料是最多的,欧洲人求之尚难得,我们却坐看他毁坏亡失。我们着实不满这个状态,着实不服气就是物质的原料以外,即便学问的原料,也被欧洲人搬了去乃至偷了去。我们很想借几个不陈的工具,处治些新获见的材料。"①这是傅斯年从中国近代学术发展的现状而言,力图振兴中国历史学和语言学这两门学问,欲使中国学术融入世界学术之潮流,与欧美学者争胜。而就傅斯年本人的学术取向而言,他非常推崇清代学者阮元,认为其能"以语言学的观点解决思想史中之问题"②,傅斯年在其名著《性命古训辨证》中正是贯穿了此种方法,用语言学来阐释中国思想史,同时对这一治学路径有所发展,他引入进化的观念,以"发展""变动"观念来作进一步的解释。他说:"语学的观点之外,又有历史的观点,两者同其重要。用语学的观点所以识性命诸字之原,用历史的观点所以疏性论历来之变。思想非静止之物,静止则无思想已耳……前如程、朱,后如戴、阮,皆以古儒家义为一固定不移之物,不知分解其变动,乃倡言曰:'求其是',庸讵知所谓是者,相对之词非绝对之词,一时之词非绝对之词,一时之准非永久之准乎?"③傅斯年不满于程、朱、戴、阮诸人以为古儒家义为一个固定不移之物,而是希望以语言学的观念来溯源,以历史学的观念来疏变,以求通过语言学对中国思想史作出深入的阐释。傅斯年的这一治学路径极具开创之意,对史学研究路径产生了较大影响④。另外,傅斯年留学欧洲,深感其史学发展之盛况,其时欧洲史学与古文字学之间的关系非常紧密,"史学自身近今之重要发展,大率与古文字

---

① 傅斯年:《历史语言研究所工作之旨趣》,《历史语言研究所集刊》第一本第一分,1928年。
② 傅斯年:《性命古训辨证》,《引语》,《傅斯年全集》,第498页。
③ 傅斯年:《性命古训辨证》,《引语》,《傅斯年全集》,第501页。
④ 陈垣读了《性命古训辨证》,深感佩服,觉得自己落伍了。1940年8月16日,陈垣致陈乐素函,《陈垣来往书信集》,第662页。

学有关"①,留学归来的傅斯年也力图效仿此种研究模式,推进中国史学的发展。

由于傅斯年对历史学、语言学的强调与重视,而其本身又身兼要职,掌握着丰富的学术资源,与之相关的《周刊》《集刊》这两种历史语言类刊物的产生及影响也就不难理解了。而从这两种刊物所刊载的文章来看,也充分地贯彻了起初创办刊物之意图,对历史学和语言学方面的文章给予充分的注意,尤其在语言学方面,通过历史的观念来研究语言学,通过语言学来阐释中国思想史,成为其鲜明之特色。

三 史学类期刊

随着史地类期刊、历史语言类期刊的创办与史学研究不断地深化和发展,史学的学科意识不断得到加强,最终导致了纯史学类史学期刊的产生。纯史学类史学期刊兴起于20世纪20年代末,至30年代史学类期刊有了广泛的发展。据笔者统计,以1929年《史学年报》《史学杂志》等史学期刊的创办为开端,至1937年止,共计创办史学类期刊15种,其刊名、主办者及创办时间见下表:

史学类期刊一览表

刊名	主办者	创刊时间
史学年报	燕京大学历史学会	1929年
史学杂志	中国史学会(南京)	1929年
成大史学杂志	成都大学史学研究会	1929年
史料旬刊	故宫博物院文献馆	1930年
史学	国立中央大学文学院史学系	1930年
史学丛刊	北平国立师范大学史学会	1931年

---

① 徐则陵:《近今西洋史学之发展》,《史地学报》,第一卷第二期,1922年。

续表

刊名	主办者	创刊时间
历史科学	国立师范大学研究所历史科学研究会	1933年
现代史学	国立中山大学文科研究所史学系	1934年
史学论丛	北京潜学社	1935年
史学专刊	国立中山大学研究院文科研究所历史学部	1935年
史学消息	燕京大学历史系	1936年
史学集刊	国立北平研究院总办事处	1936年
历史学报	国立武汉大学历史学会	1936年
历史教育	北平师大史学会编审会	1937年
治史杂谈	国立北京大学史学会	1937年

这些期刊的兴起，一方面表明了其时史学发展的兴盛局面，另一方面说明了史学期刊的发展进入到了一个相对成熟的阶段。下面我们分别对各个期刊的创办情况作一简单的介绍：

(一)《史学年报》

《史学年报》创刊于1929年7月10日，由燕京大学历史学会主办。燕京大学历史学会是由燕京大学历史系师生共同组织的学术团体，于1927年初创，但由于"是时因人数不多，团结涣散"，不到一年即无形消散。至第二年秋天，因"校中学会组织风起云涌，同仁等为联络师友感情计，为研讨学术计划，为辅助史系发展计，金以为史学会有重新组织再张旗鼓之必要，于是积极进行，赖师友之热忱，不一周即告成立，师友会员计二十余人"，"会友以本会为研究学术团体，且规模又非宏大，主简单组织，期能收实效而止。"①燕大历史学会设有主席、文书、财务兼庶务股、演讲股、参观股、研究兼出版股，同时又设有出版委员会，其中齐思和、朱士嘉、翁独健、张维华、邓嗣禹等先后担任研究兼出版股成

---

① 《历史学会之过去与将来》，《史学年报》，第一卷第一期，1929年。

员,负责出版事宜①。在其"发刊辞"中对《史学年报》创办原因有具体的说明,他们认为:"近鉴于观今学术,非闭户独学之所可也,乃忘其铜葳,刊其师生所得,以与同好一商榷之,冀收他山之助。"②在编辑《史学年报》的过程中,他们非常注重刊物的学术性与公正性,对刊登稿件的范围和编辑原则都有较为明确的规定,"大抵学术刊物,首重取材。史学年报取材,除揭载燕京大学历史系各教授之著作外,凡毕业生穷年累月钻研之心得,与外来各稿,概由主持者将著者姓名慎加弥封,送交编辑委员会各人负责审查。在审查者既不知作者谁何,自可怯爱憎之私,而一本公正之眼光以择别之。合格留之,不合去之。故虽有名德硕学,其来稿无足取者,亦在摒弃之列;而精心撰构子(当改为之,笔者注)作,即令其人姓字无闻,亦必收载。"③《史学年报》专门成立一个由师生和著名学者组成的稿件审查委员会,实行匿名审稿制,保证了刊物的学术质量。不仅如此,而且在稿件的编排上,也注重公正性,不以作者名气排定先后④。因《史学年报》同人此种"学术为公"之精神,使得《史学年报》具备了较高的学术性,同时也产生了较大的影响,受到了中外学术界的关注⑤。

---

① 如第一期所载,编辑委员会成员如下:编辑主任齐思和、李书春,印刷主任翁独健,广告主任杨实,会计主任韩叔信,校对主任余宗武、梁佩贞。其中大多数人身兼二职,既是历史学会各股的成员,亦是出版委员会的成员。由于学会的主要事务由学生负责,因为学生毕业等因素,职员也多有变动。
② 《史学年报·发刊辞》,《史学年报》第一卷第一期,1929年。
③ 佳吉:《史学年报回顾录》,《史学消息》,第一卷第一期,1936年。
④ 在几乎每期的启事中,都声明了排版的原则。如第二卷第三期"本刊启事"曰:"本期为排版之便利计,对稿件之次第,皆以收到之先后为准,不以己见评定甲已(当为乙,笔者注),区分先后,对文字评定之全权一以付之读者。"
⑤ 佳吉在1936年所作的《史学年报回顾录》中提到:《史学年报》"历载经营,规模初具,故其销数亦与年俱增。国内无论矣,即欧美各大图书馆,并皆竞相订购,瑞典、苏俄近亦来函订寄。""全美史学会集议挑举中国优良学术杂志十种,哈佛大学出版之《哈佛东方学年报》(Harvard Journal of Asiatic Studies)刊后附中国学术杂志五种,《史学年报》皆厕其列。法国《通报》(Tuang Pao)且于各期发行后,特为著论及之。"见《史学消息》,第一卷第一期,1936年。

第一章 1920—1937年史学期刊概述　　　　　　　　　　　　　31

《史学年报》从1929年7月创刊,至1940年12月出版第3卷第2期,在近11年的时间共出版12期,累计发表文章149篇①。每期的刊名都请其时著名学者或名流题写②,同时也登载有关史学的一些"引得"、书籍出版广告等内容,在后期对《禹贡》《燕京学报》等刊物发表的文章目录也有所刊载。

(二)《史学杂志》

《史学杂志》创刊于1929年3月,由南京中国史学会主办。南京中国史学会由柳诒徵及其弟子倡议,成立于1929年1月,实即脱胎于1926年初创立的中国史地学会。从中国史地学会到中国史学会,由史地并提而到史地分家,充分反映了其时史学得到了充分的发展,其学科性有了更为明确的定义。柳诒徵在为《史学杂志》所作"发刊词"说:"往偕诸生倡《史地学报》,嗣又倡《史学与地学》,皆并列史地犹昆弟孪生者,然去年张子其昀倡《地理杂志》于大学,今年缪、范、陈、郑诸子又与张子倡《史学杂志》,盖孪生之子自毁齿而象勺,虽同几席而各专其简策之通轨也。世运日新,浅化者或张皇震惊而莫测其始,因及归趣自治史者观之。"③这表明正是因为历史学、地理学各自学科性的加强,导致"孪生之子自毁齿而象勺",终于从史地并提而走向各自独立的发展。《史学杂志》每期都登载"本志启事",声明其宗旨,"本志由中国史学会同人编辑发行,以发表研究著作、讨论实际教学、记述史界消息、介绍出版史籍为宗旨。刊登文字由作者负完全责任,与同人等任事之学校及服务之机关毫无关系。同人等自维绵力,极望海内外学者指教辅助倘荷。惠赐鸿文请寄发龙蟠里十号本会编辑部收为祷。"④

---

① 有关《史学年报》所刊载论文目录见附录表(至1937年)。
② 其中,朱希祖、钱玄同、商承祚、章炳麟、张尔田、章钰、柳诒徵、江安傅、石门山人、徐世昌等先后都为《史学年报》题写刊名。
③ "发刊词",《史学杂志》,第一卷第一期,1929年。
④ "本志启事",《史学杂志》,第一卷第一期,1929年。

从1929年3月出版第1卷第1期,至1931年4月出版第2卷第5、6期合刊,《史学杂志》共维持了两年时间,发表论文95篇①。《史学杂志》为双月刊,共出两卷,每卷6期,其中第2卷3、4期,5、6期为合刊。如"启事"中所言,除刊载了一些研究论著、讨论实际教学问题的文章以及有关史学界消息外,《史学杂志》每期都刊载了由张其昀、胡焕庸等人倡办,中央大学地理学系编辑的《地学杂志》的论文目录。由此,我们也可以看出南高史地学人之间的紧密联系。

(三)《成大史学杂志》

《成大史学杂志》创刊于1929年7月,由成都大学史学研究会创办。成都大学史学研究会为成都大学史学系学生创办,时任成都大学校长的张澜非常支持学生创办学术团体和刊物,如教育系有《现代教育》杂志和"教育学会",经济系有《经济科学杂志》和"经济学会",中文系有《文学汇刊》和"中国新文学研究会",诸如政治系、体育系等都有各自的学术团体,历史系则有《史学杂志》和"史学研究会",1930年创办的《史学》在"史学界消息"一栏对此有过报道,认为该杂志"有蒙文通、刘掞藜、洪诚中诸先生之著作,内容丰富,议论详实,颇值一读"②。该刊每期定价三角,发售处为国立成都大学史学研究会发行部。

《成大史学杂志》于1929年7月发行第一期,1930年5月发行第二期后停刊,共两期。其中所刊载的论文,如刘掞藜《晋惠帝时代之汉族之大流徙》(《成大史学杂志》,第1卷第1期)、蒙文通《论先秦传述古史分三派不同》(《成大史学杂志》第1卷第1期)、邓志福《四川西南之

---

① 有关《史学杂志》的论文目录见附录表。另外,在《史学杂志》第二卷第五、六期合刊版权页面登载有"第三卷第一期要目预告",分别有赵曾俦的《古历法之研究》、柳诒徵的《明史稿校记》、蒙文通的《春秋时代之四夷》、缪凤林的《两晋南北朝汉族对异族之态度及异族统治下汉族之地位》、汤用彤的《唐太宗与佛教》、柳诒徵的《青山庄诗史》、钱穆和缪凤林《评顾颉刚五德终始下的政治和历史》等论文。

② "史学消息:出版界消息",《史学》,第一卷第一期,1930年。

异族》(《成大史学杂志》,第1卷第2期)、娄景斐《西汉时期一夫多妻制之盛行》(《成大史学杂志》,第1卷第2期)等论文都是用新的史学眼光来考察历史,至今都具有较强的学术性,受到相关学者的关注。

(四)《史料旬刊》

《史料旬刊》创刊于1930年6月1日,由北平故宫博物院文献馆编辑。主要刊载故宫博物院馆藏的有清一代的有关史料,大都为档案和奏折,《史料旬刊》在"发刊前记"中对其创办目的有明确的说明,"本院文献馆所藏各种档案多属有清一代之重要史料,其中凡可以单行成书或类聚多数文件加以系统整理者,已就其性质类别分别编印文献丛编及丛书行世。惟是贮藏浩繁,整理需时,倘仅恃丛编丛书两种刊物发表,惟恐时日稽迟,数量微少,不足以餍海内学者之渴望。兹特加出史料旬刊一种以辅丛编之不及,凡属有关文献可供考徵者,随时发现,即行刊布片鳞只爪,兼容并纳。每案自成段落,使阅者以后可以汇订成编,每页后方各列号码以备引用之稽考,至于前面特空页数,以备阅者将各案汇订时自己填写。虽与文献丛编并行而体裁各异,幸阅者注意焉。"[1]《史料旬刊》每10日发行一期,由京华印书局印刷,在上海、天津等地都设有代售处。从1930年创刊至1931年停刊,两年时间共出版40期,每期皆以专题形式刊载有关的奏折和档案[2]。作为20世纪二三十年代唯一一份纯粹刊载史料的史学刊物,《史料旬刊》的出版,扩大了史料的传播范围和利用效率,对于深化和加强清史研究起到了一定的

---

[1] "故宫博物院史料旬刊发刊前记",《史料旬刊》,第一卷第一期,1930年。
[2] 如《史料旬刊》第二期分列"朱三太子案""俄罗斯国喇嘛学生案""许英贤卖药案""罗教案""李梅等散步伪札案""雍正安南勘界案"等几个专题,登载了有关的奏折与档案。其中,如"雍正安南勘界案"包括:鄂尔泰折一、鄂尔泰咨安南国王稿、鄂尔泰折二、鄂尔泰折三、安南国王来柬、鄂尔泰咨覆安南国王、鄂尔泰折四、安南国王来柬、鄂尔泰折五、安南国王来柬、咨覆安南国王、鄂尔泰折六、鄂尔泰折七、鄂尔泰折八、阿克敦折五、安南国王来柬等16份档案和奏折。

推动作用。

（五）《史学》

《史学》于 1930 年 12 月创刊，为国立中央大学文学院史学系主办，上海光华书局发行。该刊创刊后即告停，直至 1933 年 3 月第二期才出版，共两期，发表论文 29 篇[①]。《史学》创办的本意是为了通过史学期刊这一媒介达到学术交流的目的，如其所言："数年以来，史学系师生咸感史学浩繁，门类繁冗，嗜趣各殊，所研因异，欲事观摩，尤赖切磋。同人等兹故以研究所得，付梓问世，供诸同好，庶免独学寡闻之谓，而得相互揣摩之益焉"[②]。

对于刊物的宗旨，也有明确的定位，主要以介绍为主，他们认为："自西学东渐，国中史学者除数千年之国史外，且须继而探讨西洋民族兴衰之迹。欲以一人之力而兼明东西全史，时光有限，人力几何。同人等不敢贸然以此职自资也，故本刊对东西各国史学，只负介绍之责。"至于史地的研究，"则俟诸异日"。他们感叹中国历史学素来缺乏有系统有方法的研究，对于外国学者的中国史研究，他们认为此乃"代庖"之举，是为"民族之耻，远胜于赔款割地者也"。进而《史学》同人对中国历史研究的方法作了总结，希望中国学者能以科学的方法、客观的态度、哲学的眼光来研治中国历史，"庶可一洗旧耻，增进国光焉"。并对这三个方面进行了分析和讨论，可以视为《史学》同人的历史研究的方法论。对于科学的方法，他们认为此为其时"最时髦之口号"，但是实际上能够用此方法考订已往历史者，"百人中不得其一焉"，"对于任何史料不敢轻信，对任何传闻皆下考定，斯法易言而难行"，虽如此，但还是要求同人勉力达到这一要求。

所谓"客观态度"，也为其时时髦之名词，但是他们认为"能以此态

[①] 有关《史学》刊载的史学论文论文，见附录表。
[②] "发刊词"，《史学》，第一卷第一期，1930 年。

度观察古今之历史者,则千人中不得其一焉。科学方法,我国旧日学者非不知也,徒以其无客观态度,甘受宗教性之传统信仰所拘束,以致方法虽善,而所得结果多属局部可靠,甚或全部不妥。盖任何民族对其往史皆有固定之成见,对其上古之历史尤有难移之宗教信仰,此种'古史宗教',西洋各国百年来已由无数学者之力而遭推翻。返观我国,此种宗教仍根深蒂固,上自庄严之专家,下至盲从之学子,莫不迷醉于此种宗教迷信中。一二觉悟分子虽冒韪倡导古史革命,然旷野孤声,势力微渺。同人等深望此后能本客观之态度打破古史之宗教,恢复往事之真像,此同人等所以自勉者二也"。

第三,哲学眼光。他们认为:哲学眼光"似甚抽象,史学者多不屑道之,故以此眼光综合已经考定之结果者,万人中不得其一焉。骤然观之,往事有如乱丝,其意义与价值无从探寻,此非有藉于哲学眼光不可者也。所谓哲学眼光者,即概括之眼光也。概括之眼光者,非主观武断之成见,乃由研究各科社会科学原理,观察人生千万变化之形态所得之一贯眼光也。吾国古今史学者多为研究家,而非综合家,以其缺乏哲学眼光,且竟不知哲学眼光为何物也。职此之故,吾国所谓史书,皆史料也,廿四史为史料,三通亦史料也,纪事本末为史料,野史稗史亦为史料也,即今日坊间通行之历史教科书亦莫非史料者也。故我国虽号称文明古国,每以数千年历史自豪,然试问数千年之历史究为何事,非徒一般学子不知所对,即所谓史学专家者恐亦将伊哑支吾莫从应付也。本刊篇幅有限,难任作者随意发挥综合之历史,然中外历史哲学家之理论,则时为介绍,国史上重要事迹之哲学意义间或探讨寻求,以冀真正之国史终有实现之一日。此同人等所以自勉者三也。国内明达,幸望教焉。"

《史学》在两期中都刊载有"史学界消息",不仅关注国内史学界发展状况,也对西方史学界的情况有所介绍。同时,在第一期上还附录有《国立中央大学文学院史学系课程规划说明书》,在第二期附录有《国立中央大学史学系征集历史陈列品通启及其条例》等内容。

(六)《史学丛刊》

《史学丛刊》创刊于1931年6月6日,为北平国立师范大学史学会主办。由河北省第一工厂印刷,北平国立师范大学出版部发行,在北平各大学号房和各大书房均设有代售处。此刊仅出版一期即告停刊,刊载论文10篇①,较为注重对国外史学的关注,分别发表陆懋德《西方史学变迁述略》、陈垣《日本文学博士那珂通世传序》、黄子献译、三宅米吉述《日本文学博士那珂通世传》、李树俊译《历史研究法》、葛德石(Paul Cressey)《科学制度在中国文化发展上之影响》、雷震译《日本近代之西藏论文研究目录》等介绍或翻译西方史学的文章。

(七)《历史科学》

《历史科学》创刊于1933年1月25日,第1期署名为国立师范大学研究所历史科学研究会主办,第2期后改名为北平历史科学研究会主办,实则以丁迪豪、郭昭文、萧桑等为主要成员。他们认为其时史学界存在三种错误的倾向:其一,是将古书记载当历史,"许多人还未认清历史是什么,把古书当作是历史,寻章摘句的埋头作考证,结果,离开了历史的本身是十万八千里。照这样,充其量而言之,也只能比三家村上的老学究高明一点,除了熟读几句老古书外,还能加上一些标点符号,其余还有什么?"其二,是将历史当作玄想的注脚,"另有一种人,把历史当作是他们玄想的注脚,拾来一些江湖卖艺的通行语,也拿来比喻中国历史的发展的过程,在他未尝不以他是俏皮巧妙,其实正表示他粗鄙浅薄与理论的贫弱。史之有合法则性,这一点自由意志者是根本不懂的,以自由意志来高谈历史,是有产者灵魂的跳舞"。其三,机械地套用马克思主义有关概念和名词,"一些从未摸着历史之门的,而偏要赶时髦

---

① 有关师大《史学丛刊》刊载史学论文目录见附录表。

的作家,把活的历史填塞在死的公式中,在他们那种机械的脑袋里,凡是马克思恩格斯的文献中有着的历史发展阶段的名词,中国便就有了,所以各人都努力向这里找,找着一个时髦的名词便划分一下历史发展的阶段,然而,他们这种猜谜似的论战虽是像杀(煞,笔者注)有介事的,可是,这样瞎猫拖死老鼠的乱撞,便由于缺乏高深的研究"。因此,该刊公开打着"科学"二字为旗号,其宗旨是希望"站在新兴科学的立场,以客观的切实的精神,作深入的研究……但愿始终拥护真理,追求真理,掀起一个科学的历史研究的运动"[①]。

(八)《现代史学》

《现代史学》创刊于1933年1月,由国立中山大学史学研究会主办,主要目的是为了给史学研究会会员提供"练习写作的园地"。经费来源主要为时任中山大学教职的朱谦之提供,朱谦之撰写了发刊词,并在上面发表了大量的文章。《现代史学》直接以"现代"二字标明刊物,反映了朱谦之等人的办刊宗旨及历史研究的指导思想。在"本刊宣言"中朱谦之明确表示其宗旨是:第一,从历史哲学上去认识历史的现代性,第二,从史学方法论上去认识现代史学方法的重要性,第三,注重现代史与社会史、经济史、科学史的研究。他认为考证考古学派与唯物史观派各有优劣,在"论理的次序上"各为正反一面,而"现代史学"则事实与理论并重,合其二者优点而无二者的缺点,达到了"合"的层次[②]。其总的目的是为了挖掘历史的现代价值,认为现代史学"是实证主义史学与马克思主义史学之外第三条道路",而真正的历史学家应该"是真理的火把,是生命的指导师,是往古的传达人,如果过去事实同现在中尚

[①] "创刊之辞",《历史科学》,第一卷第一期,1933年。
[②] 朱谦之说:"如以考证考古派的方法为'正',则史观派为'反',而'现代史学'就是'合'了。""本刊宣言",《现代史学》,第一卷第一期,1933年。

留一个空间,便是我们还没有尽历史家的职务"①。

《现代史学》为季刊,主要在每年一月、五月或十月出版,从1933年1月发行第1卷第1期,至1937年4月发行第3卷第2期后一度停刊,1940年1月复刊,1942年迁至重庆,1944年停刊。1937年以前共发行3卷10期,其中第1卷第3、4期,第2卷第1、2期为合刊。

(九)《史学论丛》

《史学论丛》创刊于1934年7月,由北京大学潜学社编辑,北大潜学社是由张政烺、王树民、杨向奎、胡厚宣等北大学生组织的学术团体,目的是为了共同切磋学问。1935年出版第2册,共发行两册,刊载有顾颉刚《五藏山经试探》(第1册)、《王肃的五帝说及其对於郑玄的感生说与六天说的扫除工作》(第2册),张政烺《猎碣考释初稿》(第1册)、《平陵陈旱立事岁陶考证》(第2册),胡厚宣《楚民族源于东方考》(第1册),杨向奎《略论〈左传〉五十凡》(第1册),王树民《畿服说成变考》(第1册)等文。

(十)《史学专刊》

《史学专刊》创刊于1935年12月1日,由国立中山大学研究院文科研究所历史学部编辑,国立中山大学出版部出版,广州惠福西路宏艺印务公司印刷。《史学专刊》从1935年12月1日出版第1卷第1期至1936年出版第1卷第4期,共出版4期,刊载论文30篇②,其中岑仲勉、朱杰勤都在上面发表过多篇论文,基本上奠定了他们其后学术研究的基础。另外,此刊较有特色的是比较注重其时影响较大的报刊,附载了《禹贡》《史学年报》《史学集刊》《广州学报》等刊物同期的目录。

---

① "本刊宣言",《现代史学》,第一卷第一期,1933年。
② 有关《史学专刊》刊载史学论文目录见附录表。

(十一)《史学消息》

《史学消息》创刊于1936年10月25日,由燕京大学历史系史学消息编委会编辑。创办此刊的目的是为了"与国内外史学界沟通消息,提倡历史研究的兴趣,介绍史学研究成绩,联络会员(燕大历史学会)感情,供本系同学练习编辑之用"[①]。其内容主要包括以下七个方面:1、国内外史学界消息,包含发掘、著作、人物、陈列等项[②];2、讲演;3、调查报告;4、本系消息;5、历史学会会务;6、历史学会会员消息;7、通讯。刊名由顾颉刚题写,并且每期刊登同期发行的《禹贡》《史学年报》等刊物的目录介绍。此刊原为非卖品,为燕大历史系同学轮流练习编辑之用,但是该刊物的创办宗旨非常符合其时学术发展的要求,受到广泛的欢迎,遂至第1卷第3期开始由禹贡学会代理,改为公开发行,同时将出版的时间改为每月的一日。其刊登的启事称:"自出版以来,谬承各方函购,并要求出售,以便订阅。本刊感学术界之需要,遂委托禹贡学会发行部代理发行事宜,各方欲订购本刊者,可向该部接洽。"[③]为了更好地对史学界情况予以介绍和沟通,该刊也非常欢迎外来稿件,并且对外发布了"投稿简章",对稿件的要求作了说明。《史学消息》从1936年10月创刊至1937年7月1日出版第1卷第8期停刊,共出版8期。作为一份专门刊登史学界消息的史学专门刊物,《史学消息》的创刊说明了其时史学发展的兴盛局面,是史学发展的必然要求所致,在当时也产生了较大的影响[④]。

[①] 刘选民:"本刊的内容",《史学消息》,第一卷第一期,1936年。
[②] 其中,"著作"一项又分为:西洋汉学论文举要,日本"支那学"论文举要,书报批评介绍,各国关于汉学的新列书目等项内容,大体侧重国外史学方面。
[③] "本刊启事",《史学消息》,第一卷第三期,1936年。
[④] 较能说明其影响的事例是,《史学消息》划分一定的版面登载广告,根据不同的版面大小和位置定价,价目从2元至10元不等。这表明《史学消息》拥有一定数量固定的读者群体,传播的范围也非常广泛。

(十二)《史学集刊》

《史学集刊》创刊于1936年4月,由国立北平研究院史学集刊编辑委员会编辑,由国立北平研究院总办事处出版发行,第1、2两期由该院自己印行,后改为香港商务印书馆印行。其"刊例"称"专载历史考古之著作","以研究论文为主"①。该刊设有编辑委员会,由顾颉刚任委员长,委员分别有李书华、徐炳昶、孟森、张星烺、陈垣、沈兼士、洪业、常惠、吴世昌、何士骥等人。《史学集刊》原定每年出二期,1937年4月,出版第3期后,因七七事变爆发,刊物延期,直至1944年第4期才得以出版②。此后,该刊又断续出版了第5、6两期,自第7期起改由中国科学院考古研究所负责编辑。

(十三)《历史学报》

《历史学报》创刊于1936年10月,由国立武汉大学历史学会编辑。其内容以"阙于史学范围为主,汎及地理学诸部门之论者,但俱以含学术研究之兴味者为限",该刊"循一斑学术刊物之通例,于论著外,兼重书评,以介绍及批评中外史地之重要著作"③。主要刊载武汉大学历史系师生的论文,但也欢迎外来稿件④,刊名由王星拱题写。因为出版基金不固定,开始暂时定为年出一次,希望"一俟基金稳固,当渐次至改出季刊为度",但这一愿望并未实现,出版第一期后即停刊。现存一期,发

---

① "史学集刊刊例",《史学集刊》,第二期,1936年。
② 第三期虽然刊物上标明为1937年4月刊发,实则至1939年上半年才印出。而在1940年已经将第4、5两期的稿件收齐,但是因为战时迟延,直至1941年尚未能印出,此后稿件遗失,又因抗战时期印刷不便、物价昂贵,第4期减少刊载量才得以于1944年8月出版。见《史学集刊》第4期"附录一:所务纪事"。
③ "历史学报编辑略例",《历史学报》,第一期,1936年10月。
④ 其第一期"启事"中称:本报创刊伊始,内容未臻完善,深望海内外学者,不吝赐教,俾使改进,是为至荷。凡关于寄稿、书籍请求评论、杂志交换、函购本报以及刊登广告(以属于书报及文化团体者为限)或广告交换,均请直函武昌国立武汉大学历史学会。

表孟森、吴其昌、陈祖源、陶元珍、盛熙、刘樊、施应霆等人的论文共8篇。

(十四)《历史教育》

《历史教育》创刊于1937年2月1日,由北平师范大学史学会编辑,和平印书局印刷,为季刊。李飞生在"创刊旨趣"中指出史学会同人"感觉到历史教育在现代教育中所占地位之重要,尤其在今日之中国,更有重视与提倡改进之需要。他们认为关于这方面,所应讨论与研究的问题是非常之多,需要调查或统计之事项更非一端。所以计划办一种定期的刊物,专为大家发表关于历史教育意见的园地"①。其创刊宗旨为"努力实现历史教育的重要使命""培植国家观念与民族意识""提倡历史教育之普及""研讨历史教育之改进"②。《历史教育》出版第1、2两期后停刊,共发表译著和论文21篇,钱穆、齐思和等人都有文章在上面发表。此刊是国内第一份有关历史教育的专门史学刊物,对如何研究历史以及历史教育问题都多有探讨。其中如钱穆《如何研究中国史》、齐思和《论研究美国史之重要》等对史学研究的方法和路径给予了指导,又如初拓《历史教育的改进问题》、王辑五《历史教育的新动向》、孙克刚《历史教育要普遍化》等对国难时期中国历史教育的方法方式等问题进行了一定的探讨。

(十五)《治史杂志》

《治史杂志》创办于1937年3月,由国立北京大学史学会主办。主要是为北大史学系师生发表论文提供平台,其"卷首语"中称:"我们在大学里学习历史,就北大史学系现行的课程说,前两年注重基本知识的充实,两年以后方兼重专题的研究……我们的课程中是没有练习写作

---

① 李飞生:"创刊旨趣",《历史教育》,第一卷第一期,1937年。
② 《历史教育》,第一卷第一期之封面负页,1937年。

'历史文'一课的,为了补充这个缺陷,乃决议刊印这本刊物。"①该刊刊载论文的标准为:1、注重史料的考证与理论方法的溶合,而不愿有所偏重;2、注重发表研究报告,而不涉及时事的批评;3、注重直接介绍世界史学的名人和名著,而不盲从旧说与一隅的意见②。该刊设有评议委员会,分别由顾颉刚、孟森、钱穆、陶希圣、姚从吾、毛子水、皮名举、郑毅生、卢吉忱、梁竹航等组成。总编辑为张锡纶,副编辑为王德昭、傅安华,而且还分设编辑股和出版股,各由北大史学系学生担任③。《治史杂志》如同其时多数刊物一样,因日本全面侵华战争而旋即停刊,至1939年6月在昆明才出版第2期,共出版两期。在第1期中,共发表论文10篇,北大史学系师生的论文都有刊载。

四 专门史类期刊

纯史学类期刊的发展及历史学本身的不断深化发展,最终导致了专门史类史学刊物的出现。在20世纪二三十年代出现的专门史类期刊,主要有专门刊载历史地理学类论文的《禹贡》半月刊和专门刊载社会经济史类论文的《食货》半月刊。这类专门性史学刊物的创办,使得史学期刊由综合类开始向专门史类转化。这既是历史学本身不断深化发展的结果,也是史学期刊的发展日趋成熟的标志,对历史学研究的发展也必然会产生较大的影响。史学研究开始逐步由综合向专题化方向转化,分专题研究,集中刊载某一专门性质的问题成为一种新的学术现象。同时,这一趋势也带动了新的史学研究热潮,形成了以这些刊物为中心的史学流派。下面我们对《禹贡》及《食货》这两种专门史类史学刊

---

① "卷首语",《治史杂志》,第一卷第一期,1937年。
② 参见"卷首语",《治史杂志》,第一卷第一期,1937年。
③ 编辑股由徐世勋、赵宗濂、喻存粹、李姚容组成,出版股由刘利贞、谌湘汉、孙兴诗、金灿然等组成。

第一章　1920—1937年史学期刊概述

物作简要的介绍。

（一）《禹贡》

《禹贡》半月刊创刊于1934年3月1日,为禹贡学会创办的学术刊物①,专门刊载历史地理学方面的论文。《禹贡》每月1日、16日出版,至1937年7月16日,共出版了7卷(半年为1卷)82期。1937年7月7日,日本帝国主义发动全面侵华战争,7月29日北平沦陷,原本计划于8月1日出版的第83期被迫取消。刊物初时每期仅二三万字,撰稿者20余人,以后会员日增,行销日广,稿件也越来越多,每期逐渐增至14万字,印数也由起初的500册增至1500册。三年多的时间里,共发表论文、调查报告、游记等文章700余篇,通讯100多则,总共约800万字。《禹贡》半月刊的主编为顾颉刚,开始由谭其骧协助编辑,其中谭其骧参与主编了第1卷第3期,在顾颉刚南归度假和葬母时,又单独编辑了第3卷第1—5期。1935年夏,谭其骧由燕大历史学系教授邓之诚(文如)介绍,赴广州应学海书院之聘,以后便由燕大同学冯家升(伯平)协助顾颉刚编辑《禹贡》半月刊。《禹贡》以专门研究中国历史地理为宗旨,在20世纪30年代产生了巨大的影响,逐步形成了以《禹贡》为中心的禹贡学派②。

（二）《食货》

《食货》创刊于1934年12月1日,由陶希圣主编,由上海新生命书

---

① 禹贡学会其先名为禹贡学会筹备处,成立于1934年2月中旬。其后随着《禹贡》半月刊的影响日益扩大,学会会员也日渐增多,投稿人员由早期的20多人,增加到后来的100多人,于1936年5月24日正式成立禹贡学会,并推举顾颉刚为理事长,于省吾为监察长。禹贡学会先后吸纳了许多著名学者,分别包括钱穆、冯家瀍、唐兰、王庸、徐炳昶、刘节、黄文弼、张星烺、于省吾、容庚、洪业、张国淦、李书华、顾廷龙、朱士嘉、韩儒林、张政烺、翁独健、吴丰培、苏秉琦、商鸿逵、王光玮、冯世五、候仁之等等。

② 有关《禹贡》半月刊与禹贡学派的关系问题,本书将在第四章第三部分作详细探讨,此不赘述。

局发行,刊物标明为"中国社会史专攻刊物"。《食货》从1934年12月1日创刊至1937年7月停刊,共出版61期,吸引了全国各地150多位学者,发表了大小论文300余篇。《食货》开始每期就印行了2000份,《创刊号》发行后一星期,因为销量较好,便又再版1000份,到第1卷第5、6期,印行数已达4000份①,其影响力可见一斑。由上海大夏大学创办的《史地社会论文摘要月刊》,从《食货》创刊之日起对其刊载的论文几乎每篇都进行摘要,"《食货》在大夏为最风行的读物"②。《食货》较为突出的特点是每期都刊有主编陶希圣"编者的话",对刊物的宗旨、刊载文章的内容作出说明。通过《食货》,陶希圣发起组织了"食货学会",在"食货学会会约"中明确表明"本会不举行具有形式的任何会议,以《食货半月刊》为相互报告及讨论机关",从而逐步形成了以《食货》半月刊为中心的食货学派,对20世纪30年代中国社会经济史研究产生了巨大的影响③。

五 史学期刊的特点

20世纪二三十年代史学期刊的兴起与发展,是其时史学发展的真实体现。从各个刊物的创办情况,我们可以对其时史学期刊的发展特点作出一定的总结,进而对其时史学发展情况作出一定的判断。

首先,从刊物发行的时间上来看,存在的时间大多较为短暂。刊物的发行需要具备一定的资金支持,而学术性刊物因为自身的局限性,受众面较小,一般只是在学者和学生之间流传,不可能如报纸和通俗文学读物那样拥有广泛的读者群体,仅通过刊物自身的发行销售来维持刊

---

① 陶希圣:《编辑的话》,《食货》,第三卷第一期,1935年。
② 梁园东:《中国经济史研究方法之诸问题》,《食货》,第二卷第二期,1935年。
③ 有关《食货》半月刊与社会经济史研究,本书将在第六章第四部分作详细探讨,此不赘述。

物的运作具有一定的难度。因此,20世纪二三十年代发行的史学类刊物基本上不支付作者稿酬①,大都以赠送所发行的刊物为酬。即便这样,创办学术性刊物往往也入不敷出,维持起来步履维艰,许多学人视创办刊物为畏途。据蒋廷黻回忆,1931年"九一八事变"之后,在清华俱乐部举行一次晚餐,出席的有胡适、丁文江、傅斯年、翁文灏、陶孟和、任鸿隽、陈衡哲、张奚若、吴宪等人,席间谈论到知识分子在国难时期的责任问题。蒋廷黻提议创办一个刊物,其时就被陶孟和浇冷水,陶孟和曾编过若干年的《时代评论》,深知出版刊物的困难,因此他警告在座的诸君,不可掉以轻心,不假思索的冒险尝试。胡适虽没有反对得这样激烈,但也表示他的经验使他不敢轻易创办一个新刊物。稍后一周,当蒋廷黻在另外一个场合重新提到这一问题的时候,同样遭到反对,但丁文江倡议先筹备刊物的创办经费。丁文江说:"办刊物很容易","但能继续维持下去是很困难的,除非我们共同负责。否则,整个重担就会落到编辑一个人的肩上。"②这里蒋廷黻等人所讨论的还并非纯学术性刊物,其难度已可想而知。至于纯粹史学性质的刊物要维持出版更是艰难了,这一情形直至全面抗战爆发并没改善,1936年佳吉感言:"晚近学术刊物如林,多如雨后春笋,即关于史学范围者,亦不乏其俦。要皆不数期后,即告停刊,而或能维持不坠,亦令人每况愈下之感。欲求其宗旨纯正,内容一贯者,百不一遘。"③这都表明虽然学人都拥有创办刊物的热情,力图显名于世,为学术和社会的发展贡献一份力量,但由于缺乏固定的资金导致刊物的出版往往不能维持,很多史学刊物昙花一现也就不难理解了。而较为特殊的是由于有固定的资金来源,于1928年由中央研究院历史语言研究所创办的《历史语言研究所集刊》却能保持正常的出版,吸引了大批的学者参加。这种情况说明,学术期刊的发

---

① 《史学集刊》虽明确标明"刊发后致赠稿费及抽印本",但发行第一、二两期后即停刊。
② 蒋廷黻:《蒋廷黻回忆录》,长沙:岳麓书社,2003年,第144—145页。
③ 佳吉:《史学年报回顾录》,《史学消息》,第一卷第一期,1936年。

展、学术的繁荣需要有政府或者民间力量一定的支持,否则,仅凭借学人的满腔热情难以维持。

另外,还需要指出的是,日本发动全面侵华战争也是导致诸多史学期刊停刊的重要原因之一。至20世纪30年中后期,中国史学期刊的发展已经到了成熟的阶段,《史学专刊》《史学集刊》等一大批纯史学类刊物的兴起是其显著表现,这些刊物都因为日本全面侵华战争而停刊。战争的爆发使得稳固的学术环境不复存在,学术资料或毁于战火,或遭日本掠夺,学人迫于时难,各谋出路,从而使得中国近代以来兴起的学术转型及其与世界学术接轨的潮流被强行打断,严重损害了中国学术的发展。

其次,大都依托于一定的学术机构或组织。由上述我们对史学期刊的概述可知,其时史学期刊都依托于一定的学术机构或组织。从早期依托于南京高师创办的史地学会到20世纪30年代史学会的广泛成立,这些史学会主要集中在大学和地方性及其全国性的学术机构之中,现代大学和学术机构的成立是近代以来的事情,作为一种新的学术现象对史学研究产生了非常重要的影响。对于外在环境与学术发展之间的关系,特别是学术机构对学者研究成绩的影响这一问题,默顿(Robertk Mertor)早在其20世纪30年代出版的结合社会学与科学史研究的名著中,以17世纪的英国为例,指出科学家彼此间的会面、通信以及期刊的出版,提供了思想交流的机会,因而有助于创造性研究的出现。像皇家学会(Royal Society)这类学术团体的成立,因强化了科学家之间的接触,导致科学研究的兴趣与成就在当时的英国有显著增长[①]。本·戴维(Joseph Ben-David)在20世纪70年代出版的科学社会史著作中,更是全面探讨了17世纪以来,欧美科学组织的相继成立

---

① Rorbert K.Mertor, Science, Technology&Society in Seventeenth Century England, New York:Haward Fertry.1970,pp216—224.转引自陈以爱:《中国现代学术研究机构的兴起:以北大研究所国学门为中心的探讨》,南昌:江西教育出版社,2002年。

第一章 1920—1937年史学期刊概述

与革新对科学发展所带来的影响①。1928年傅斯年在论及中央研究院历史语言研究所创立时,对学术机构与学术研究的关系也有过鲜明的表达,他说:"历史学和语言学发展到现在,已经不容易由个人作孤立的研究了,他既靠图书馆或学会提供材料,靠团体为他寻材料并且须得在一个研究的环境中,才能大家互相补其所不能,互相引会,互相订正,于是乎孤立的制作渐渐的难,渐渐的无意谓,集众的工作渐渐地成了一切工作的样式了。"②依从这些机构组成了专门性质的史学研究会,从而形成了史学研究的专门组织③。史学研究会与史学期刊是相辅相成的,史学研究会以创办史学期刊,展示史学研究成果为目的,而史学期刊的创办又促进了史学研究会的发展。

第三,逐步专门化。从20世纪20年代初期史地类期刊的兴起至后来历史语言类期刊的产生,再至20世纪30年代纯史学类刊物的大量创办,最终导致了专门史类史学期刊的产生。这一发展历程充分表明了史学期刊的不断发展和完善,说明史学由早期的史地、历史语言并提,逐步向专业化过渡,随着史学的不断深化发展,专门史类史学期刊随之出现,史学的学科性质也不断得以加强。早期的史地类期刊,史学类文章虽然在其中占据主导地位,但是也刊载有关地理学方面的论文,而且内容较为驳杂,学术性质不强。而以傅斯年为主创办的历史语言类期刊,除了对史学论文大量刊载外,对语言学方面的论文也给予充分的关注,虽然其中很多都是以历史的观念来治语言学,来透视中国思想史问题。但以现代学术划分标准来看,仍然不属于纯史学类期刊。20

---

① 本戴维,赵佳苓译:《科学家在社会中的角色》,成都:四川人民出版社,1988年。
② 傅斯年:《历史语言研究所工作之旨趣》,《中央研究院历史语言研究所集刊》,第一本第一分,1928年。
③ 有关专业史学会的兴起与运作,可以参看俞旦初《中国近代最早的史学会——湖北史学会初考》(《近代史研究》,1986年第6期),王煦华《抗日战争期间的中国史学会》(《历史文献》2001年第四辑,上海科技出版社),桑兵《二十世纪前半期的中国史学会》(《历史研究》,2004年第5期),胡逢祥《现代中国史学专业学会的兴起与运作》(《史林》,2005年第3期)等文,对此有较为深入的探讨。

世纪30年代创办的史学期刊则在刊物的定位上都明确表明了刊载研究史学的论文,非常注重其论文的学术性。至《禹贡》、《食货》等专门史类史学期刊的创办,更是表明了史学研究的不断深化。应该说,史学期刊由20世纪20年代初期的草创,发展至30年代才逐步成熟。史学期刊是反映史学现状及其研究成果的有效平台,我们从史学期刊的发展过程可以得出这样的结论:至梁启超提倡新史学以来,中国学人不断致力于中国史学的转型,这一转型从理论到实践,迟至20世纪30年代才得以实现[①]。

[①] 瞿林东认为梁启超的"新史学"理论体系标志着近代史学"在理论上的初步确定",但"并没有真正建立起来完整的'新史学'的理论体系","没有能够从根本上完成扬弃传统史学的历史任务"。(瞿林东:《史与史学评论》,第180、187页,合肥:安徽教育出版社,1998年)从史学期刊的发展历程来看,可以证明这一判断是合理的。

第二章　史学期刊与西方史学的传播

　　1840年鸦片战争,中国战败,西方国家开始在政治、经济、科技文化、宗教等各个领域逐步渗入闭关锁国的清王朝。面对历史上从未有过之变局,国人开始了由器物到制度进而到文化层面上的自我反思与学习过程。在这一过程中,西学与中学,两种各自发展、在历史上皆以强势存在的文化骤然相遇,孰优孰劣、孰胜孰负,是你死我活,还是各擅胜场,近代以来有识之士不乏议论,有主张全盘西化论者、也有固守传统文化者,甚至有些学者摇摆于两端,在不同的时期有不同的观点[①]。至于结果如何,历史好像还没有给我们以明确的答案,以至于中国如何走出近代化的过程,至今成为一些学者讨论的问题。

　　于此,我们并不主张亨廷顿式的文明冲突论,而更多的倾向于文明之间的交流与沟通。不同文明之间并不是截然对立的,人类历史发展表明,人类的进步与发展正是基于不同文化之间的相互交流吸收与融合,当然其间免不了相互的碰撞,但交流是主要的。近代中国的历史在某种意义上说,正是中外文化不断交融的历史,西学东渐是历史发展的主流。在这一过程中,史学以其固有的文化传载特质起到了极其重要的作用。从早期通过译报、译著介绍西方国家历史地理风俗到20世纪二三十年代对西方史学及其史学理论的大量引入,中国史学也随之从

---

① 就史学而言,其中以梁启超最具代表性,1902年,梁启超在《新民丛报》上连载《新史学》,倡言"史学革命",对传统史学进行了彻底批判,指出传统史学存在"四弊"和"二病"。而梁启超游历欧洲回国后,1921年在南开大学所作演讲中表示:"举凡数千年我祖宗活动之迹足征于文献者,认为一无价值而永屏诸人类文化产物之圈外,非惟吾侪为人子孙者所不忍,抑亦全人类所不许也。"(梁启超:《中国历史研究法》(自序),上海:上海古籍出版社,1998年,第1页),由完全的否定变为部分的肯定其价值。

传统向近代转型。瞿林东先生指出:"20世纪的近百年中,中外经济文化交流的浪潮虽然时起时伏,时伏时起,但总的趋势是日益加强而不可阻挡。在这种形势下,中外史学的融汇乃成为20世纪中国史学发展中的一个重要特点,这在二三十年代和八九十年代表现得尤为突出。"①20世纪二三十年代中外史学的融汇与其时史学期刊的发展有较为密切的联系,相比之前通过报刊对外国史学的零星介绍与输入以及少量译著的出版,史学期刊的兴起与发展使得中外史学的融汇有了一个固定的平台,通过史学期刊,西方史学得以大量地传播开来。

一 关注西方史学

论及西方史学的传播,学人更多的将注意点集中在西方史学理论方面,强调西方史学理论及史学研究方法论在近代中国之影响。我们认为,西方史学理论及方法论的传播与介绍只是西学输入中国的一个方面,在近代中国,西方史学的输入除了理论和方法外,还应包括西方学者中国史研究成果的输入,而且后者对中国史学研究的影响也是不容忽视的,对中国史学研究者的刺激和影响尤大。五四以后,随着国内外局势的变化,国人对世界的了解和认知逐步加深,学术的整体大环境逐步由国内走向国际,中国学人更多地希望参与到世界学术发展的潮流上来,与西方学者争胜,傅斯年、陈寅恪、柳诒徵、张其昀、陈训慈等都表示过这一想法,他们感叹于近代中国不仅在政治经济发展水平上与西方发达国家存在较大差距,而且在学术研究方面也落后于他人。其时国外汉学有了较大发展,中国历史让外国人来研究且有所超越,民国学人甚感羞愧。由此,民国学人除了不断加强自身研究外,对西方史学

---

① 瞿林东:《中国史学史纲》,北京:北京出版社,1999年,第835—836页。原载《百年史学断想》,《世纪论评》,长春,1998年第1期。

尤为关注。他们在创办史学期刊的过程中,对西方史家的中国史研究、西方史学发展的历程及其现状等方面给予了充分的关注。

(一)对西方学者中国史研究的译介

较早关注于西方学者对中国史研究的史学期刊,首推《史地学报》,该刊分别刊载了张其昀译《美国人之东方史观》、陈训慈译《美人研究中国史之倡导》、王庸译《大战开始后七年间西洋之中国史研究》等论文,对西方学者中国史研究的情况给予了一定的介绍。

1921年《史地学报》第1卷第1期刊载张其昀译《美国人之东方史观》一文①,该文主要是针对其时斯坦福大学的历史学课程缺少对东方历史课程的设置而言②,葛立芬认为:"沿袭之成见,常视东方诸国为蛮荒之区,尚有待于欧人之创辟开化。此种误解,在昔尚无大妨,今则东西沟通,关系日密,吾人对于东方文化之本色,不可不有正确之认识。盖东方人生,或竟与吾人历史的经验迥乎不同也。"在东西方的交流不断得到加强的情况下,他认为需要对东方历史有更加深刻的认识,然而,其时美国各大学的东方史研究情况却不容乐观,"欲求一审当精赡之史书,则未之前观。如陶格拉司(Douglas)、兰滔来德(Latourette)诸人之作,皆嫌过略。"因此葛氏呼吁加强对东方历史的研究和科研人才的培养,通过"编纂教本、培养师资而外,大学图书馆中,尤宜罗致历史

---

① 《美国人之东方史观》,由美国斯坦福大学教授葛立芬著,发表在美国《史眺杂志》(Historical Outlook,八卷三号)。原名为"Why Study Far Eastern History—and How?"研究远东史之缘故及方法。

② 其时斯坦福大学历史学程共计130余种,其关于远东史者凡9种,日本史居其四,纯粹之中国文化史则没有,设置远东历史者如下:1、远东史,注重19世纪以来东西两民族之国际关系,如英人经营印度等;2、远东史,注重西人对于中国、日本、菲律宾、交趾支那之关系;3、日本史,自上古至丰臣氏之亡;4、日本史,德川时代;5、日本近世史,明治维新以后;6、远东热带拓殖史,注重英、美、法、荷诸国在远东热带之属地;7、远东政府,注重现今中国、日本之政治组织;8、日本史,学生各自考究重要问题。参见《史地学报》第一卷第一期,《美国人之东方史观》。

原料或著闻史籍,以备参考之用",希望"在取东方诸族之史,博学而详考之,以为今日学校历史学程中仅有欧洲近世史,实为未足,吾人当进求一部世界近世史之告成也。"

葛氏这种急切加强对东方史研究的呼吁,激起张其昀作为一个学人的民族自尊感,在"译余感言"中,张其昀表达了欲与西方学者争胜的想法,他认为"东方历史终当由东方人自行成就,自行宣布","若使西人研究吾国历史者无完备确当之底稿足以依据,而徒搜索史源,纲罗故事,从事于草创纂辑之业;越俎代谋必劳而寡功。往往以隔于文字、昧于掌故、徇至望文生义凭臆抽思,泛滥驰骋以逞其戾断;则其初欲望见东方文化之本色,其结果乃适兴之相反,皮相之辞,荒谬之论,洋溢于彼方学者之口耳;是固大违西人之本愿,又讵非谈国故者之深耻欤"。这里,张其昀表面上是不赞成西方学人来研究中国历史的,认为其有越责之嫌,实则暗含一种深刻的危机意识,是对其时中国史学研究乏人的一种担忧,他说:"顾今日中国学术荒落,新学小生震眩外教,驰心于输入之事,无他志矣,至于前古史实宿学大儒开始理董者,虽不乏人,然以吾国史籍年代之悠久,范围之博大,苟欲发挥无遗,甚非一二人所能竣功",又说:"西人研究史学,无往不入,德法史家已多有考求吾史者,今美人亦继起自勖。是可见大战以后,历史探索之事业殆将集中远东,吾人身当其冲,纵不自振,亦当策所以应付之道焉"。作为一个学人,对本国历史竟然学不如人,实在是"谈国故者之深耻"。因此他希望,"先图精详之本国通史之告成,并从事于各种专史之编订,然后以至公至正之心,阐扬中华固有文化之真价值于世界,昭宣民众之声光,以答外邦之所求"①。

在其后《史地学报》第1卷第3期中,陈训慈译《美人研究中国史之

---

① [美]葛立芬著,张其昀译:《美国人之东方史观》,《史地学报》第一卷第一期,1921年。

第二章　史学期刊与西方史学的传播

倡导》一文对此给予了同样的关注①。此文与葛氏一文立意相同,认为中国人口众多,物产丰富,必然在以后的世界舞台上占据重要的地位,因此,学者有必要加强对中国历史的研究。拉氏对中国古代史学发展情况和古代史家的近代精神予以了介绍,鼓励青年学子研治中国历史,并且对研治的路径给予指导。陈训慈译出该文后,亦发表自己的看法,他认为西方学者要研治中国历史必须先认定中国史学之价值与中国文化在世界上之地位,而西方学者往往对此比较忽视。他进而指出,"中国史之整理与推求,以公之于世,乃中国人之责;而在今日西人渐移其注意东向之时,吾人尤当兼程奋赴者也。"如果本国的历史留待外国学者来撰著,"实为人世人之大羞"②。上述《史地学报》刊载的张其昀、陈训慈二人的译文,是对西方学者鼓吹研治中国历史的介绍,并以此警醒世人,希望中国学者加强自身的研究。此外,《史地学报》第3卷第8期又刊载王庸译《大战开始后七年间西洋之中国史研究》一文,系统地介绍了西方学者有关中国史的研究成果。

继《史地学报》之后,《史学与地学》《史地半月刊》《史学杂志》《史学年报》《史学丛刊》等刊物对西方史家的中国史研究都有译介。如何炳松译《拉施特元史考》一文刊登于《史学与地学》第1卷第3期,拉施特·哀丁(Khoja Rashid Eddin)所著《史集》(Djami ut Tawarikh)一书为西方研究蒙古史之源泉,在清光绪年间,洪钧著《元史译文证补》,将此书介诸我国学术界。该书在西方各国多有传评,而以法国白罗舍(Blochet)所译为最佳,白氏译本别有导言,名 Introduction a une

---

① 《美人研究中国史之倡导》,由美国拉多黎教授著(Prof. K. S. Latourette, Danison University),原文题为:"Chinese History a Field of Research",原载美国《史眺杂志》(Historical Outlook)十一卷一号。
② [美]葛立芬著,张其昀译:《美国人之东方史观》,《史地学报》,第一卷第一期,1921年。

histoire des Mongoles,何炳松所译即为此文①。另外,如《"西湖至包头"序》②、《乌孙与汉之同盟》③、《元实录与经世大典》④、《考信录题解》⑤、《近百年来中国史学与古史辨》⑥、《日本内藤湖南先生在中国史学上之贡献》⑦、《评马斯波罗中国上古史》⑧、《岳飞班师辨》⑨、《日本文学博士那珂通世传序》⑩、《日本文学博士那珂通世传》⑪等都是译介西方学者对中国历史研究的论文,这些文章或为介绍西方著名的中国史研究学者,或为对其著作的评介,或为直接翻译其研究著作。通过史学期刊对西方学者中国史研究的译介,中国史家都有一种紧迫感,如陈垣感慨"日人对吾国历史研究之进步,一日千里,然吾人对于日本历史,尚多漠然观之,奇也!","吾人若不急起直追,将来势必藉日文以考蒙古文献,宁非学界之耻?"⑫可见,因对西方学者中国史研究成绩的宣传与认识地加深,中国学者希望在史学研究上不甘于人后。这对中国史家了解世界学术发展的趋势,融入学术发展的潮流起到了一定的推动作用。

在关注西方学者中国史研究方面最为瞩目的应为《食货》杂志对日本学者中国经济史研究的译介和《史学消息》对西方学者汉学研究成绩的系统介绍。《食货》杂志从第1卷第2期起就开始登载有关日本学者关于中国经济史的论文,据笔者统计,共计18篇。这些文章讨论的范

---

① [法]白罗舍著,何炳松译:《拉施特元史考》,《史学与地学》,第一卷第三期,1928年。
② [日]内腾虎次郎:《史学与地学》,第一卷第一期,1926年。
③ [日]西村真次:《史地半月刊》,第一卷第一期,1936年。
④ [日]市村瓒次郎著,牟传楷译:《史学年报》,第一卷第三期,1931年。
⑤ [日]那珂通世著,于式玉译:《史学年报》,第一卷第四期,1932年。
⑥ [英]阿瑟·胡梅尔(Arthur W.Hummel)著,郑德坤译:《史学年报》,第一卷第五期,1933年。
⑦ 周一良:《史学年报》,第二卷第一期,1934年。
⑧ 齐思和:《史学年报》,第二卷第二期,1935年。
⑨ 陈裕菁译:《史学杂志》,第一卷第四期,1929年。
⑩ 陈垣:《史学丛刊》,第一卷第一期,1931年。
⑪ [日]三宅米吉著,黄子献译:《史学丛刊》,第一卷第一期,1931年。
⑫ 陈垣:《日本文学博士那珂通世传序》,《史学丛刊》,第一卷第一期,1931年。

第二章　史学期刊与西方史学的传播　　　　　　　　　　　　　　　55

围主要集中在明清两代,涉及到中国古代的经济政策、货币、对外贸易、赋税、徭役、户口、城镇等多方面内容。《食货》对这些论文的译载,给其时陷于论争的中国经济史研究带来了新的模式,促进了中国经济史的研究向具体问题转变。

《史学消息》作为一份专门刊登史学界发展情况的参考性期刊,更是对西方学者中国史研究给予了充分的关注,在刊载的内容上就明确表示"侧重国外方面"①,每期分为"西洋汉学论文提要"与"日本'支那学'论文提要"两部分。有关"西洋汉学论文提要"方面,选取西方富有盛名的学术期刊,摘取关于汉学的精心著作,以提要的形式逐期进行介绍。选取的期刊大致如下:《大不列颠及爱尔兰皇家亚洲学会报》(Journal of the Royal Asiatic Society of Great Britian and Ireland, 1932—1936)、《东方语言学会刊》(Mitteilungen des Seminars fur orientalische Sprachen, 1930—1935)、《皇家亚洲学会华北分会报》(Journal of the North—China Branch of the Royal Asiatic Society, 1932—1934)、《东洋文库研究部纪要》(Memories of the Research Department of the ToyoBunk, 1932—1935)、《东洋学报》(Acta Oieentalia, 1932—1935)、《大亚细亚》(Asia major, 1932—1934)、《中国教务杂志》(Chinese Recorder, 1932—1936)、《通报》(Toung Pao, 1932—1936)、《东方学院学报》(Bulletin of the School of Oriental Studies, 1930—1935)、《中国杂志》(China Journal, 1932—1936)、《河内远东博古学院学报》(Bulletin Del ecole Francalse D'Extreme—Orient, 1931)、《亚洲艺术》(Artibus Aslae 1928—1936)、《远东考古博物馆汇刊》(Museum of the Far Eastern Antiquitie Bulletin)。《史学消息》首先对上述期刊都进行了概要的介绍,然后对 1931 年以后在上述期刊中刊载的有关汉学方面的精要论著,都予以提要式的介绍,有些还作了一定的

---

① 刘选民:《本刊的内容》,《史学消息》,第一卷第一期,1936年。

点评。

有关"日本'支那学'论文提要"方面,则主要选取了1934年4月以后出版的《东方学报》(京都)、《东方学报》(东京)、《史学研究》《史学研究年报》《史学杂志》《东洋史研究》《东亚》《史林》《史潮》《史观》《东亚经济研究》《支那研究》《支那学》《考古学杂志》《外交时报》《人类学杂志》《历史教育》《历史与地理》等期刊中刊载的有关中国历史方面的论文,对其进行了提要介绍。此外,刘选民《日人研究中国学术之机关》一文,对日本学界研究汉学的机关给予了详尽系统的介绍①。

《史学消息》除了对西方各国期刊中有关中国历史的论文译介外,对西方新出版的有关汉学的专著也进行了介绍,如第1卷第1至3期连载《各国关于汉学新刊书目》,列出了1933—1935年间各国有关汉学新出书目。不仅如此,对于俄国汉学家帕雷狄阿斯、华西里夫、伯西聂德、雅撒特等人的生平和著作都有专文刊载②。总之,《史学消息》译介了大量有关西方汉学研究的论著,基本囊括了其时国际汉学发展的重要学术成果,对于中国学人了解国际学术发展起到了重要的作用,成为国人了解西方汉学研究动向的重要窗口。

除了《史学消息》的系统译介外,20世纪二三十年代还有一些史学期刊也刊载了有关从整体上介绍西方学者中国史研究的论文,如《史学》第1卷第1期刊载《欧洲各国对于中国学术之研究》一文③,对欧洲各国有关中国学术研究的现状、机构设置、图书资料等方面给予了介绍;《史学年报》第1卷第5期载《明治以后日本学者研究满蒙史的成

---

① 刘选民:《日人研究中国学术之机关》,《史学消息》,第一卷第四期,1937年。
② 分别见刘选民《俄国汉学家帕雷狄阿斯之生平及著作概略》(《史学消息》,第一卷第一期)、《俄国汉学家华西里夫生平及其著作概略》(《史学消息》第一卷第三期),罗秀贞译《俄国汉学家伯西聂德生平及其著作概略》(《史学消息》第一卷第四期),汤瑞琳译《俄国汉学家雅撒特生平及其著作概略》(《史学消息》第一卷第五期)。
③ 马古烈讲:《欧洲各国对于中国学术之研究》,《史学》,第一卷第一期,1930年。

绩》一文①,系统介绍了日本明治以后日本学者研究满蒙史的研究成果;《史学丛刊》第1卷第1期载《日本近代之西藏论文研究目录(附录)》②,该目录附录了从日本明治十年至昭和五年间有关西藏问题的研究性论文,分为九大类③,其中"史书及历史研究"类共录32篇论文;《史地杂志》第1卷第1期刊载《近年日人所著关于东北地志目录》④,分书名、著者、出版年月、出版者四项,辑录了1937年前日本关于东北地理志方面的著作。

总的来看,在20世纪二三十年代,通过史学期刊有关西方学者之中国史研究的成果在国内被广泛地传播开来,拓展了中国学者的学术视野,促进了中国史学与世界学术的融合。然而,需要指出的是,在传播西方学者中国史研究成绩的同时,国内学人的心态是十分复杂的。他们既希望通过译介西学来促进中国史学的发展,往往也带有"中国文化命脉而假手外人,相形之下,不禁汗颜"⑤的无奈。

(二)对西方史学发展历程和研究现状的关注

20世纪二三十年代,史学期刊不仅译介西方史家研究中国历史的成果,而且对于西方历史学的发展状况及研究现状也较为关注。其中《史地学报》《史学年报》《史学杂志》《史学丛刊》《史学与地学》《历史教育》等期刊都刊登过相关方面的论文和消息。

---

① 和田清著,翁独建译:《明治以后日本学者研究满蒙史的成绩》,《史学年报》,第一卷第五期,1933年。
② 雷震译:《日本近代之西藏论文研究目录(附录)》,《史学丛刊》第一卷第一期,1931年。译自日本《大谷学报》第十二卷第一号。
③ 分别为:大藏经之总括的研究,经论之校刊翻译及研究,喇嘛教研究,史书及历史研究,杂载,探险杂记,梵教研究,语学的研究,文献录等。
④ 高梦谦辑:《史地杂志》,第一卷第一期,1937年。
⑤ 刘选民:《日人研究中国学术之机关》,《史学消息》,第一卷第四期,1937年。

1921年《史地学报》第1卷第1期刊载王庸《欧史举要》一文,《欧史举要》共分九大类,分别为1、初学通史,2、上古史:(a)通史、(b)太古原人史、(c)近东史:埃及、巴比伦及亚西里亚、波斯、希伯来(d)希腊史、(e)罗马史,3、中古史,4、近世史:(a)通史、(b)别史,5、近今欧战史,6、近代国史举要,7、分科史举要(文学史及其他学术史目繁不及备载),8、史学研究,9、地图,主要选取西方较有系统且简要的史学著作予以介绍。王庸将近代西方史学的发展情况与中国史学相比较,认为近世欧洲人文科学非常发达,"而史学实为中心,远考荒古原人,广搜各地史料,精阐博讨,不遗余力",因此史籍"灿然大备"。加以西方教育方法的进步,导致"凡历史读本之编著,日事改良,尤足引人入胜"。但反观中国史学,"非列传编年,则故事杂记;虽卷帙浩繁,而陵乱琐杂,迄无一完善之通史。坊间教本,亦多仍古史之旧,而变其面目;学校教授,亦惟记忆故事年代是重,遂今学者视研究国史为畏途"。王庸认为导致这种差距的原因在于"研究编著之未得其方",因此他希望通过介绍西方史家的著述,学习其编著历史的方法,他说:"夫吾国人之读欧史也,非徒周知希腊罗马之文化,记诵英法德美之功绩,以为作文谈论之助,当师其探讨编著之法,遂引以研究国故,整理国史,斯为要也。"①

另外,美国史学在一战后,出版史学书目甚多,《史地学报》在"史学界新闻"②一栏中对美国1921年3月至8月新出版的史书也给予摘要,分古代史、中世史、美国史、英国史、关于大战及改造者、关于政制及国际联盟者、历史教授法及杂史等七个方面进行介绍,有关书目列举如下:

古代史:

1. M. G. Housten: Aucient Egyptian, Assyrian, and Persian Cosrumes and Decorations. N.Y., Macmillan Co.189pp.

---

① 王庸:《欧史举要》,《史地学报》,第一卷第一期,1921年。
② 载《史地学报》,第一卷第二期,1922年。

2. British Museum: Babulonian Story of the Deluge. N. Y., Oxford Univ. Press. 58pp.

中世史：

1. E. l. GulifordL: Sports and Pastimes in the Middle Ages. N.Y., Macmillan Co. 64pp.

2. S. Cammaerts: A History of Belgium. N. Y., Appleton, 357pp.

3. J. H. Clapham: The Economic Development of France and Germany, 1815—1914. N.Y., Macmillan Co. 420pp.

4. A. R. Ephimenko: A Short History of Russia. N.Y., Maxmillan Co. 157pp.

5. G. P. Cooh: The French Revolution. N.Y., Maxmillan Co. 47pp.

6. A. Hassall: European History, Chronoloyically Arranged. N.Y., Macmillan Co. 439pp.

7. Robuson and Beard: History of Europe, the 18th and 19th Centuries, the Opening of 20th Century and the World War. Boston, Ginn and Co. 616pp.

8. E. R. Turner: Eutope since 1870. N.Y., Doubleday, 580pp.

美国史：

1. J. T. Adains: The Founding of New England. 482pp.

2. M. P. Andrews: American History of Government. Philadelphia, Lippincott. 528pp.

3. C. A. Beard: History of United States. N.Y., Macmillan Co. 663pp.

4. H. C. Bywater: Sea Power in the Pacific, a Study of the American-Japannese Naval Problems. Boston. Houghton Mifflin, 334pp.

5. H. M. Davison: Founders and Builders of Our Nation. Chicago, Scott Foreman. 261pp.

6. A. H. Ferguson: A study Guide in American History.

Syracus, N.Y., Iroquois Public. Co, 120pp.

7. S. Handy: An Outline of American History. N.Y., Holt. Co. 97pp.

8. T. Iyenga and K. Sato: Japanese and the California Problem. N.Y., Putunanm, 249pp.

9. D. S. Muzzey: Readings in American History. Boston, Ginn and Co, 604pp.

10. N. W. Stevenson and M. T. Steveson: A School History of the USA. Boston, Ginn and Co, 543pp.

英国史：

1. G. B. Adams: Constitutional History of England. N.Y., Holt, 518pp.

2. J. P. Bulkeley: The British Empire. N.Y., Oxford Univ. Press, 228pp.

3. W. Foster: (Editor) Early Travles in India. N.Y., Oxford Univ. Press, 352pp.

4. H. E. Fisk: The Dominion of Canada. N.Y., The Bankers Trust Co, 174pp.

5. R. B. Morgan: Readings in English Social History, 2 Vols, 117, 109pp.

6. C. M. Waters: A School Economical History of England, 1066—1750. N.Y., Oxford Univ. Press, 316pp.

有关大战及改造者：

1. J. Bakeless: The Economical Causes of Modern War. N.Y., Moffet, Yard, 265pp.

2. C. G. Dawes: A Journal of the Great War. 2 Vols, Boston, Houghton Mifflin, 344, 283pp.

3. J. W. Gardener: International Law and the World War. 2 Vols, N.Y., Longmans. Green, 524, 534pp.

4. Andre Tardien: The Truth about the Trenty. Indianapolis; Bobbs, Merrill, 473pp.

5. P. E. Wright: At the Supreme War Council. N. Y., Putnam, 202pp.

关于政制及国际联盟者：

1. J. E. Harley: The League of Nations and the New International Law. N.Y., Oxford Univ. Press, 127pp.

2. F. A. Ogy: The Government of Europe. N.Y., Macmillan, 775pp.

3. G. G. Wilson: The First Year of the League of Nations. BostonLittle, Brown. 94pp.

历史教授法及杂史：

1. J. Bland: China, Japan, and Korea. N.Y., Scribner. 327pp.

2. E. L. Hasluck: The Teaching of History. N. Y., Macmillan. 119pp.

3. R. M. Trgon: The Teaching of History in Junior and Senior High Schools. Boston, Ginn and Co, 294pp.

4. E. Scott: Men and Thought in Mordern History. N.Y., Maxmillan, 346pp.

5. E. L. Osgood: A History of Industry. Boston Ginn and Co, 430pp.

另外，在第1卷第3期"书报绍介"一栏中也选译了《美国史学季报》(American Historical Review 1920年十月号)中有关介绍西方史学新著的内容。其介绍如下：

1.北欧之新石器时代（泰勒教授著）The New Stone Age in Northern Europe. By J. M. Tyler, Prof of Biology, Amherst College

New York. Charles Scribner's Sons, 1921, 328pp.

2.世界文化史:自远古至今人类之历史(德国立邱教授著) Allgemeine Kulturgeschite: Versuch einer Geschichte der Menschneit Von den Aeltesten Tagen bis zur Gegenwart. By Charles Richet 2 Vols. Munich and Berlin: Verlag firr Kulturpolitik 1920. Total 730pp.

3.英国宪政史(美国亚丹博士著) Constitutional History of England. By G. B. Adams, ph. D., Prof of Yale College. New York: Henry Holt &Co.1921, 528pp.

4.近代之中国(中国陈思拱博士著)① Morden China: a Politicial Study. By S. G. Cheng. M. A., B. Sc. Oxford: Clarendon Press, 1919,pp387.

上述《史地学报》所载有关消息和论文是史学期刊中最早系统介绍西方史学著述情况的,对于中国学者了解西方史学的发展情况起到了重要的作用。继《史地学报》之后,较为系统介绍西方史学著述的是创立于北方的《史学年报》,作为《史学年报》主编的齐思和连续发表了《英国史书目举要》②、《美国史书目举要》③,对英美史学发展及其中国学人学习英美历史的有关书目给予了介绍。

不同于王庸、齐思和等人对西方史书的介绍,徐则陵《近今西洋史学之发展》、陈训慈译《史之过去与将来》两文则对西方史学的发展状况作了整体的描述④。徐则陵主要对近百年来西方史学界之发现以及德、英、美、法四国学者的贡献予以阐释。首先,他分析了近代西方"人

---

① "译者按:此书著者姓名系音译,因一时不知其原名也。此书内容,吾人未及详悉,第美人之啧啧称道者,要非谨此书之美,殆亦以此类著作不多见之故。方今中外关系日切,以国情宣露外人,其重要不减输入西化,长西文之学者,尤宜多作此类书,以供外人参稽之正径,而杜误解与野心者之利用。故并译此篇,以促国人于此事之注意。若必限于绍介,则此书于吾人之助恐甚稀也。"

② 齐思和:《英国史书目举要》,《史学年报》,第二卷第三期,1936年。
③ 齐思和:《美国史书目举要》,《史学年报》,第二卷第四期,1937年。
④ 二文皆载于《史地学报》,第一卷第二期,1922年。

种学"于史学的影响,认为"人种学"与史学关系密切,"史家因(得,笔者注)窥见原人生活之一斑,而再造过去"。但是史学亦受"人种学"之害,"史学家滥用人种学家研究所得之种族差别。张大其词,扬自己民族而抑其他民族,其流弊乃至于长民族骄矜之气,自视为天纵之资,负促进文化之大任。引起国际间猜忌,而下战祸之种子。"并列举了西方史学著述如戈宾诺(Count Gobinean)之著《人类种族的不平等》(L'Inegalite des Races humaines)、张伯伦(H.S.Chamberlian)之著《十九世纪的基础》(The Foundations of the Nineteenth Century),认为其为"史学中之种族狂派"。其次,分析了古文字学与史学发展的关系,他认为"史学自身近今之重要发展,大率与古文字学有关",对近二十年来小亚细亚两河间地区北部陆续发现赫泰人石刻及其他遗迹,以及发现城垣宫殿等古物对史学研究的重要作用进行说明。第三,介绍了有关罗马史安德鲁的代表人物和代表作,如费雷罗(Ferrero)的《罗马兴亡史》(Greatness and Decline of Rome),芬留(Frank)的《罗马经济史》(Economic History of Rome)等等。第四,对德、英、美、法等国史学的发展近况予以介绍。他认为德国史学有两大变迁,兰克而后,德国史学重事实,近40年来,普鲁士学派,鼓吹国家主义;英国史学界以研究制度史别树一帜;美国人则注意远东史,为新起之趋势;而法国史学界则受浪漫主义影响较深①。

陈训慈所译《史之过去与将来》一文②,则主要分两个部分讨论了西方晚近之政治史学和新起之综合史学的本质、贡献与缺陷。关于前者,主要讨论了晚近因袭的史学之静止不进之性质,关于史之本质、范围与目的的旧观念,历史著述之政治的崇拜,历史著述之零节的部分,

---

① 徐则陵:《近今西洋史学之发展》,《史地学报》,第一卷第二期,1922年。
② Clark 大学史学教授恩巴斯(Dr. Hary E. Barnes)著,原载 The Historical Outlook (Feb.1921),题为"The past and Future of History",原文较长,陈训慈在翻译过程中,有所删减。

晚近史学之普通贡献与缺陷,晚近政治史学之批评的考察等几个方面;关于后者,则讨论了政治史学与零节史学的衰微,史学观念之根本的说明,新起综合史学之本质等几个问题。作者两相对比,认为"心理社会法制诸科学皆日即发达,史学界不为所满足,则将自由取其一部分以去,而屏史学于生存世界以外",旧有的仅仅从政治上关注历史已经不能满足整体学术发展的需要,需要从不同的侧面、综合的角度来阐释历史的发展,对新史学之兴起抱有热切的希望,认为"'新史学'之断非未来之梦而为现在之有力的真实"①。

在对西方史学整体现状及其发展历程的阐释中,除了《史地学报》刊载徐则陵、陈训慈等人的译著外,其后创办的《史学与地学》《史学丛刊》《历史教育》等期刊也发表过相关的论文。1926年,《史学与地学》登载了向达译《近四十年来美国之史学》②,该文见于1925年1月之《美国史学评论》杂志,原题为"These Forty Years",为美国史学家安德鲁(Charles Melean Andrews)1924年12月就任代理美国史学协会会长时的演说稿。该文从整体上对近40年西方史学发展的走向给予了评述,但以美国史学发展为主,因此向达翻译此文时将题目改为"近四十年来美国之史学"③。

至1931年,国立北平师大《史学丛刊》第1卷第1期开篇即登载陆懋德《西方史学变迁述略》一文,揭示了西方史学发展史。要说明西方史学之变迁,作者认为"当以史学史为详",但是"此类史学史专书,在欧

---

① 陈训慈译:《史之过去与将来》,《史地学报》,第一卷第二期,1922年。
② 向达译:《近四十年来美国之史学》,《史学与地学》,第一卷第一期,1926年。
③ 向达在翻译此文时对安德鲁(Charles Melean Andrews)的情况予以介绍:安德鲁(Charles Melean Andrews)先后执教于摆马、约翰霍普金斯、及耶礼诸大学,为国家档案委员会及美国政府公牍刊行委员会委员。著述有:Historical Development of Modern Europe (1898);A History of England for Scholes and Colleges (1903);Colonial Self Government (1904);Short History of England (1912);The Colonial Period of American History (1912);Guide to American Materials in the British Archives (Vol.I,1898;Vol.II,1912),见《近四十年来美国之史学》,《史学与地学》,第一卷第一期,1926年。

美各国亦少佳作,且成书者不多"。因此作者主要综合了各家之说,对西方史学发展的历程进行了描述。有关埃及巴比伦史学,主要参考了布瑞斯特(J.H.Brested)的《埃及史》和瑞斯(A.H.Ssryce)的《巴比伦史》;有关希腊罗马史学,主要参考了伯格(J.B.Burg)的《希腊学史》和德福(J.W.Duff)的《罗马文学史》;另外,还参考了有关通论各国史学的著作,如旭特威尔(J.T.Shotwell)的《史学史引论》、伯度(H.Bourdeau)的《史学及史学家》、古奇(G.P.Gooch)的《十九世纪史学及史学家》。此外,还有见诸于有关史学著述中的单篇文章,如罗宾逊(G.W.Robinson)《历史研究大纲》中《经典的史学家》一篇,巴恩斯(H.E.Barnes)《社会科学史》中《史学》一篇,马瑞(F.S.Maruin)《近代欧洲思想发展史》中古奇(G.P.Gooch)所作《史学研究》一篇等文章。通过参考上述著述,作者对西方史学变迁作了整体的描述,作者认为西方史学在19世纪以前并没有超过中国史学,且史籍也没有中国丰富,而自19世纪以来,随着科学技术的进步,学术也得以充分的发展,史学也随之进步。发展至当前,"吾国史学比之西方,成为落伍,然此亦因他种学术同时落伍之故,绝非史学一家之罪",说明史学的发展与社会发展是密切相关的[①]。

创刊于1937年的《历史教育》虽然发行短暂,但是也同样给予西方史学以一定的重视,在第1卷第2期发表陈泽所译《十九世纪欧洲的民族主义派史学》,该文对19世纪欧洲兴起的民族主义派史学作了系统的研究。

概而言之,在关注西方史学方面,史学期刊更多地将注意的焦点集中在欧美史学上,对日本史学更多地是关注其对中国史的研究,缺乏对日本学者对其自身历史研究的介绍,在这方面《史学年报》有所注意,刊登了周一良《大日本之史学》一文,作者认为日本学者对中国史研究非

---

① 陆懋德:《西方史学变迁述略》,《史学丛刊》,第一卷第一期,1931年。

常重视,而学界更多地注重欧美而忽视日本,在日本蓄意侵略中国的条件下,为了"能制彼而不制于彼"①,学者应该加强对日本历史的研究,而要对日本历史进行研究,首要的前提则是译介日本学者有关历史研究的著述。

另外,在译介俄国史学发展方面,则有向达译《俄国革命时历史研究之状况》②一文,对俄国革命时期的史学发展情况给予了介绍。

除了上述有关西方史学发展情况的介绍外,史学期刊也充分关注西方史学发展的活动组织情况,如《史地学报》《史学杂志》《历史教育》等期刊对此都有关注③,其中最为突出的是《史地学报》专设"史地界消息"一栏,"专载世界及中国史学界地学界之最近举动及其他消息",如对美国史学协会、英美史学教授联合大会以及一战以后组织的大战社会史的编辑等方面都给予了译介和报道④。

总之,史学期刊通过对西方史学的译介,不仅使得中国学界对西方史学的发展历程及其现状有了一定的了解,而且也由此对自身史学的发展情况有了更为明确的判断和定位。同时,民国学人在译介西方史学的过程中往往也包含进一步了解西方、学习西方,以使得中国史学研究在国际舞台上占据有力地位的志向,如张其昀所言:"进言之,学者又当明量出为入之义,彼夫西方史家,既觉研究远东史为必要;反之国人

---

① 周一良:《大日本之史学》,《史学年报》,第二卷第二期,1935年。
② 向达译:《俄国革命时历史研究之状况》,《史地学报》,第二卷第六期。
③ 刊载的相关方面论文有:陈训慈《国际历史学会第六届大会记》,《史学杂志》,第一卷第二期;H.P.Gcoch著,吴鑫译《国际历史学会之经过及组织》,《历史教育》,第一卷第一期。
④ 如有关大战社会史之编辑的报道如下:世界国际和平著作赏金会 The Carnegie Endowment for International Peace 今已规定编纂大战经济与社会史。Economic and Social History of the World War(按系丛书性质)至其组成此书之手续,拟就各国举出一编辑主任,而更由总主任记其成,如法已举定纪德(C.Gide)教授,英为贝弗里奇(W.Beveridge)君,比为皮雷纳(H.Pirenne)博士,意为费南德(L.Finand)教授,波罗的海诸国为韦斯德加德(H.Westergaard)教授;其他各国编辑亦正在组织。其规定之书名,已公布于报告者,凡一百种。已收入此丛书者,有《协约国海运管理》与《1914年至1920年英国之代价》等书。见《史地学报》,第一卷第二期,1922年。

之治史者亦当思窥西史之真相,奋发砥砺,高瞻远瞩,而常以振衣千仞冈、濯足万里流之气概勉自策也。"①

二 鲁滨逊新史学的传播

鲁滨逊新史学是指以鲁滨逊为代表的新史学派,该学派产生于19世纪末20世纪初的美国,他们反对传统史学将史学研究对象限于狭隘的政治军事史方面的做法,主张扩大史学研究的范围。在研究方法上,强调与社会科学的结盟,运用政治学、经济学、社会学、心理学、人口学等社会科学与史学研究相结合,"试图在最广泛的意义上对文明历史的总体进行重建"②。1912鲁滨逊《新史学》的出版应该说是新史学派形成的标志,其成员主要以鲁滨逊的弟子为主,如巴恩斯、肖特韦尔、海斯、桑代克、贝克等,另外,比尔德也受该派学说的影响③。鲁滨逊新史学不仅影响了美国史学的发展,也同时对欧洲史学产生了影响。它在20世纪20年代传入中国,许多学者服膺于该派的学说,对中国史学的发展亦起到了重要的作用。下面我们主要就20世纪二三十年代史学期刊对鲁滨逊新史学的传播作出考察。

对于鲁滨逊新史学,自史学期刊创办之初就予以重视,20世纪20年代初期分别创立于南北两地的《史地丛刊》《史地学报》对鲁滨逊新史学给予了集中的介绍。

---

① [美]葛立芬著,张其昀译:《美国人之东方史观》,"译余感言",《史地学报》,第一卷第一期,1921年。
② [美]鲁滨逊著,齐思和等译:《新史学》,北京:商务印书馆,1964年,第178页。
③ 有关鲁滨逊新史学派成员主要根据李勇的划分,参见《鲁滨逊新史学派研究》(合肥:安徽人民出版社,2004年,第6页。)另外,宋瑞芝等人也有不同的看法,他们认为"特纳是美国新史学的首倡者","鲁滨逊是美国新史学的理论阐述者和宣传者","查尔斯·比尔德可以说是美国新史学的实践者"(宋瑞芝等主编:《西方史学史纲》,开封:河南大学出版社,1989年,第320页)。

《史地丛刊》对鲁滨逊新史学的传播与何炳松有密切的关联,何炳松以翻译《新史学》一书闻名于学界①,对鲁滨逊新史学派多加宣传,历来被视为中国传播新史学的第一人。而《史地丛刊》的主编正是何炳松,该刊关注于鲁滨逊新史学理论的传播也就理所当然了。《史地丛刊》最早介绍鲁滨逊新史学的为谷凤池《历史研究法的管见》一文②,该文分绪论、历史的性质、历史的研究法、历史研究的要点、历史研究的辅助学科等五个方面对历史研究方法作了探讨,在绪论部分作者首先强调了历史研究方法的重要性,其后认为历史的性质分为进化性、连续性、因果性,从而历史学研究方法上必须遵循历史的性质,按照进化律、连续律、因果律来进行,同时作者也强调了历史学研究与社会科学的结合,从其内容和观点上看,基本上是因袭了鲁滨逊的新史学理论。不仅如此,谷凤池还直接翻译了鲁滨逊著作中的部分言论③,认为应该将这些言论作为"研究历史的参考",谷凤池认为鲁滨逊"为现在最有名、头脑最新的历史家,我们通过他的话,可以知所取法了。通常人研究历史最大误点在以了解事实为最终目的,盖研究历史固不能舍却事实,但非其最终目的,而最终目的即在明白一时代之状况,详实事实不过为求达目的之手段。鲁先生之言可谓最公允而得当,颇足以作吾人研究历史的新指南。"④由此可见谷凤池对鲁滨逊新史学是极力推崇的,将之视为国人历史研究的理论指导。

继刊载谷凤池之文后,《史地丛刊》又于1922年6月第2卷第1期,刊载了何炳松《新史学导言》一文,该文是中国学者对鲁滨逊新史学

---

① 何炳松所译《新史学》一书虽早在1921年译成,但迟至1924年才得以出版。
② 谷凤池:《历史研究法的管见》,《史地丛刊》,第一卷第三期,1922年。
③ 主要翻译了鲁滨逊(Medieval and Modern Times)《中世纪和近代》(1916年)一书中的有关论述,如"所贵乎新历史者,事件与状况都在研究之列,使吾辈明了过去的情形,和现在作对比的研究,因此可得较优的生活,并且藉此得知人类理想、信仰同发明何自而来?其发达的程序如何?又人类知识增加后,并于生活有何变迁?"见该书第1—2页。
④ 谷凤池:《历史研究法的管见》,《史地丛刊》,第一卷第三期,1922年。

理论的首次系统介绍。鲁滨逊《新史学》一书共分为八个章节,何炳松分八个部分就每个章节的主要内容和宗旨进行了概括,分别为"新史学的意义""史学观念的变迁""历史同各种新科学的关系""西洋思想的变迁""工界中人应读的历史""罗马灭亡的意义""法国革命原理的由来""历史光明里面的守旧精神"。何炳松认为"Robinson博士所说的话,虽然统是西洋史方面,但是很可以作我们中国研究史学的人的碱砭"①。在何炳松之后,《史地丛刊》第2卷第2、3期合刊又刊载了于炳祥《读新史学》,于炳祥其时就读于北京高等师范学校,为史地学会成员,何炳松曾在北京大学和北京高等师范学校以鲁滨逊《新史学》(英文原本)为课本教授"西洋史学原理","同学中习史学的人,统以这本书为'得未曾有'"②,这说明鲁滨逊新史学因何炳松的大力推介,在其时的北京大学和北京高等师范学校两校学生中已经得到了接受和肯定,于炳祥《读新史学》一文便是一篇系统评介鲁滨逊新史学的代表作。作者充分吸收了鲁滨逊《新史学》一书中的有关观点,对历史的意义、性质、范围以及历史的功用和新的历史应该注意的要点等进行了归纳和总结。最后,作者总结道"近代西洋历史家对于历史的新眼光、新组织,十有八九能本着以上几种精神去运动,所以能脱去文学之统辖,宗教之束缚,也不是政治之专记载了,也不为爱国主义者所利用了,渐渐的摆脱了各种势力的支配",形成一门独立的科学③。

除了《史地丛刊》的译介外,《史地学报》与《史地丛刊》南北呼应,对鲁滨逊新史学派也给予了充分的关注④。《史地学报》对鲁滨逊新史学的传播与南高史地派学人对西方史学特别是美国史学的热切关注相关,如前所述,他们不仅直接翻译了美国"History Outlook"

---

① 何炳松:《新史学导言》,《史地丛刊》,第二卷第一期,1922年。
② 何炳松:《新史学导言》,《史地丛刊》,第二卷第一期,1922年。
③ 于炳祥:《读新史学》,《史地丛刊》,第二卷第二、三期合刊,1923年。
④ 有关这一问题已有专文论述,可以参看李勇、鄢可然《〈史地学报〉对鲁滨逊新史学的传播》(《淮北煤炭师范学院学报》,2003年第6期)一文。

"American Historcial Review"等著名史学杂志上面所刊载的论文,而且对美国史学发展状况也较为注意,鲁滨逊新史学作为美国其时方兴未艾的史学运动,《史地学报》必然给予足够的重视,其中,徐则陵、陈训慈、张其昀、向达等人都在这方面做过一定的贡献。有学者指出,《史地学报》介绍鲁滨逊新史学派主要表现在三个方面,首先,介绍了该学派的代表作,如对鲁滨逊、海斯、比尔德等人的作品都有所介绍;其次,关注其史学活动、翻译其作品;第三,相关的撰稿人接受了鲁滨逊新史学观念的影响[①]。这三个方面基本上包括了《史地学报》对鲁滨逊新史学传播的大致情形,在此我们不再赘述。但是需要指出的是,从总体上来看,《史地学报》对鲁滨逊新史学的传播相比于《史地丛刊》虽然充分,但略显繁杂,缺乏就新史学理论系统的介绍。

《史地丛刊》与《史地学报》对鲁滨逊新史学的介绍,对其在中国的传播起到了一定的促进作用。而且,两个刊物之间还有一定的联系,《史地丛刊》刊登有关《史地学报》出版的消息,对《史地学报》出版情况进行介绍,"本学报为南京高师史地研究会编辑,专以研究史学地学为旨,出版已达三期。史地之学,错综繁变,学者于专籍之外,尤赖有定期刊物之辅助,本学报门类繁多,有志史地及注意学术者不可不读。"[②]同样,《史地学报》也对《史地丛刊》主编何炳松翻译《新史学》予以报道,在第1卷第2期"史学界新闻"一栏中刊登了"新史学译本出版"的报道,报道称:"近今史学之趋势,大变政治史观之旧,欧美著专书论之甚夥,而吾国则向未有之。唯北大出版社,曾于一年前翻印美人 Robinson 著之新史学 New History 一书。近闻该校史学系教授何炳松氏已将此书译成。按此书共分八篇,于 1915(当为 1912 年,此误,笔者注)年出版。其中专论新史学者虽仅四篇,而文字又略嫌凌杂;然其破坏旧史,

---

[①] 李勇、鄢可然《〈史地学报〉对鲁滨逊新史学的传播》,《淮北煤炭师范学院学报》,2003年第6期。
[②] 《史地丛刊》,第二卷第一期,1922年。

倡导新经,实研究历史者不可不读之书也。"①两种刊物之间的这种联系扩大了刊物的影响,更有力地促进了鲁滨逊新史学的传播。

继《史地丛刊》《史地学报》之后,1931年创刊的《史学丛刊》对鲁滨逊新史学也有过介绍,该刊的特色之一就是非常关注西方史学,其中黄公觉对鲁滨逊新史学传播最为有力。黄公觉曾留学于哥伦比亚大学,师从鲁滨逊的弟子海斯等人,直接受到了鲁滨逊新史学的影响。《史学丛刊》第1卷第1期发表黄公觉《新史学概要说》,对新史学作了系统的介绍。黄公觉认为旧史学在史学研究的目的、材料、教法等诸多方面都存在"背谬",使得学者"陶冶一种狭隘的见解,偏颇的态度,其害诚非浅鲜"。而新史学之兴起正是"对旧史学所起的革命",其目的在于"纠正旧史学的毛病"。他说:"新史学在欧美的史学界是一种新运动,然而在中国提倡他的人们,仍不多见。前几年仅有人翻译一两本新史学的书籍,惟对于这种运动作详细的介绍的,还是不多。因此,我觉得对于这种运动仍需多些介绍,才能促我国史学之改进。"②

黄公觉对新史学的传播主要表现在以下几个方面:

首先,介绍了新史学的起源及其发展。新史学因对旧史学之批判而生,最初不满于旧史学的是格林(Green),伦保德(Rambaud),费雷泰格(Freytag),阿尔塔米拉(Altamira)等人,由这些学者的批判,逐步发展为"一种有系统的运动",黄公觉对德、法、英、美等国有关新史学运动相关学者的观念作了简要评述,他认为新史学运动的先驱应为德国史学家卡尔·兰普莱希特(Karl Lamprecht),其对史学的最大贡献就是在于他将历史研究与现实文化之间的关系结合起来,提出了要"研究各个时代的团体心理"。而较兰普莱希特(Lamprecht)对新史学阐释更为深远、更为适应的则是法国史家贝尔(Henri Berr)及其同事、英国史家马尔文(F.S.Marvin)及其同事,至美国哥伦比亚学派则明确提出

---

① 《史学界消息》,《史地学报》,第一卷第二期,1922年。
② 黄公觉:《新史学概要说》,《史学丛刊》,第一卷第一期,1931年。

"新史学"的口号,鲁滨逊 1912 年出版《新史学》(The New History)一书成为新史学确立的标志,其后对新史学理论进一步发展的则为巴恩斯(H.E.Barnes),他分别于 1925、1926 年著《新史学与社会科学》(*The New History and the Social Studies*)和《历史学与社会智力》(*History and Social Intelligence*)二书。

其次,指出了新史学与旧史学关于历史概念的区别。旧史学将历史视为宗教、文学等的附庸,范围狭隘,而新史学则把历史作为"包括对于文化与文明各个方面的发展之说明"。

第三,指出了新史学的性质,对新史学有关历史目的、历史范围、历史解释等方面的问题进行了分析与介绍。新史学研究历史的目的在于"对于现在的人们供给对于过去之完备可靠的叙述,使现代人们可明了现在文化怎样得到现在的情形,并且为什么达到现在的情形"。研究的范围包括"人类成绩之总迹",而对于历史的解释则是一种综合的史观,其他如伟人史观、经济史观、地理史观、唯心史观、科学史观、人类学史观、社会学史观等都只能解释历史的一个方面,而不能说明历史的全体。

第四,说明了新史学与社会科学的关系。分析了地理学、心理学、社会学等对历史研究的贡献。

第五,介绍了新史学如何增进历史的内容。

最后,作者希望"治史学者皆向新史学这条道努力"[①]。

上述史学期刊对鲁滨逊新史学的传播,对于致力于转型的近代中国史学来说具有重要作用。鲁滨逊新史学是应批判旧史学而生,是对西方旧史学传统的颠覆,而且逐步形成了一种广泛的运动,影响非常大,这一理论正契合中国史家对传统史学批判以及新史学建设之愿望,加之近代以来多数学者对西学的推崇,能较快地传入中国并被广泛的接受是可以理解的。史学期刊以其快捷、涵盖面广的特点,即时地系统

---

① 以上引文皆引自黄公觉:《新史学概要说》,《史学丛刊》,第一卷第一期,1931 年。

地传播了鲁滨逊新史学,与其时的书籍和其他综合性学术期刊一起推动了新史学的传播。但是,我们从发表的文章来看,这种传播也带有一定的盲目性质,即在传播的过程中往往与批判中国旧史相伴,而缺乏对新史学理论本身的批判,表现为一种完全的推崇而少批判的吸收。

除了对鲁滨逊新史学的传播外,史学期刊对西方其他史学家的著述和理论也有所关注,如克罗齐的史学论,《史学》在第1卷第1期刊载雷海宗译《克罗齐的史学论——历史与纪事》,该文为意大利历史哲学家克罗齐《史学的理论与实际》一书的第一章,为全书的总论。作者认为"克氏的议论虽不免有过度处,但以大体言之,他的学说颇足以调剂我们中国传统史学偏于'纪事'的弊端"①。

另外,对于唯物史观《史地丛刊》也刊载了李荫清专文《唯物的历史观与科学的历史》并予以介绍,李荫清主要是引证各家的著作,将其"参互错宗,撮其纲要,再稍微加以己意",他认为唯物史观"是一种科学的历史观察法,是一种空前的社会哲学。人类的历史,必以动的社会为对象,以唯物史观的观察法去研究他,然后才可成为科学的历史"。主张研究历史应当"奉唯物的历史观为唯一的规律",其实质则是"经济中心的社会进化论的历史"②。同时,诸多史学期刊也刊登有关的唯物史观书籍的出版广告,如《史地学报》第一卷第三期中"世界丛书"广告一栏有《经济史观》一书的出版广告:"马克思学说精髓全在唯物史观,塞利格曼以唯物史观名词为不当,改称经济史观,将经济史观学说的起源发展以及各方面批评的订正,详加解释,明晰异常。"③《史地丛刊》刊登"新文化丛书"广告,亦有《唯物史观新说》,"是书为荷兰人 Herman Gorter 所著,立意在使荷兰劳动者了解唯物史观之要旨,故辞义浅显,

---

① 雷海宗译:《克罗齐的史学论——历史与纪事》,《史学》,第一卷第一期,1930年。
② 李荫清:《唯物的历史观与科学的历史》,《史地丛刊》,第一卷第一期,1920年。
③ "世界丛书",《史地学报》,第一卷第三期。

解释详尽,为研究社会主义者之杰作。"①

  但总的来看,与其时书籍和其他报刊对马克思主义唯物史观的大量介绍和传播相比,史学期刊很少刊载专文予以集中介绍。这一方面是因为,史学期刊是从研究学术的角度出发而创办,少意识形态的争论。而更为主要的是因为在五四前后李大钊、陈独秀等人的大量宣传下,唯物史观作为新史学的一部分已经被多数学人接受,不同的是接受的程度有所不同,是否作为研究历史的唯一正确的方法,不同的学者有不同的理解。其时,学人更多的是将唯物史观作为新史学建设中的一种重要的方法论,是从经济上解释历史的一种观察历史的方法,与从政治、文化、地理等角度考察历史等量齐观。

  历史学的变革与发展当以理论的进步为先导,从20世纪初梁启超对"新史学"的倡导至胡适、顾颉刚、傅斯年等人对史学方法论似乎偏执的热衷,都反映了中国史学在近代转型过程中学人对史学理论与方法的重视。19世纪末20世纪初正是西方史学方兴未艾之时,历史学逐步发展成为一门独立的学科,在近代中西文化交融的前提下,借鉴西方史学已有的理论成果,以它山之石以攻己玉必然成为中国近代建设新史学之路的有效途径。总之,史学期刊对西方史学理论与方法论的传播对中国近代史学的建设是存在积极的意义的。

---

① "新文化丛书",《史地丛刊》,第一卷三期。

第三章　史学期刊与史学人才的培养

学术的发展有赖于人才的培养,近代以来科学技术文化事业之兴盛,与人才培养机制的革新密不可分。史学研究亦如是,20世纪二三十年代史学研究的繁盛离不开对史学研究人才的培养,其时诸多青年学子在学术界崭露头角,史学期刊在这方面起到了重要的推动作用。以学会或固定的学术机构为依托,在老师的指导下师生共办或学生自办的形式创办的史学期刊,培养了一大批史学研究人才。不仅如此,通过史学期刊对历史教育问题的探讨,对于改进历史教学,促进人才培养也产生了一定的影响。

一　以创办期刊为主的史学人才培养模式

如前所述,20世纪二三十年代创办的史学期刊大都依托于大学或学术研究机构,这些机构往往以研习史学为目的组成带有研究性的学术组织,其成员以机构所属师生为主,编辑发行史学期刊是其主要的工作。通过师生共同创办史学期刊,逐步形成了一种以创办刊物为主的史学人才培养模式,学生或尝试编辑史学刊物,或在史学期刊中发表自己的研习成果,不仅有利于师生间的学术交流,扩大学生的学术视野,而且提升了学子对史学研究之兴趣,对于青年学子走上史学研究道路起到了重要的作用。

20世纪二三十年代创办的史学期刊中,诸多是由学生在老师的指导下或者是师生共同编辑完成。1920年《史地丛刊》创刊,编辑部主任为何炳松,其余编辑除了章㻊为教师外,车文忠、王邺、梁绳筠皆为学生,这是最早由教师指导下学生参与编辑的史学类期刊,但主要工作还是由何炳松来完成,编辑部其他成员可能只负责校对等工作,这一点从1923年4月,因为何炳松请假南归而导致《史地丛刊》不能按期出版,最终将第2卷2、3期合刊后停刊可以看出。

稍后于1921年创办的《史地学报》则是在教师指导下学生自编的一份史学期刊,《史地学报》的编辑主要由学生负责,张其昀、陈训慈、缪凤林、陆维钊、郑鹤声等人相继担任过总编辑或编辑主任。他们在编辑刊物的过程中,经常开编辑会议,并请教师指导,通过这一形式,锻炼了他们的史学研究能力,上述诸人以后都成为史学研究的专家。

其后较为知名的《史学年报》由在燕京大学求学的齐思和、李书春等人负责编辑,《史地社会论文摘要月刊》则由大夏大学史地系学生编辑。其他一些史学期刊虽然我们不能确定其具体的编辑者是何人,但是都以某一学会的名义编辑出版,在这些学会中青年学子是其主体。即如顾颉刚负责编辑的《禹贡》,也得到了青年学子的辅助或者由他们直接负责编辑,《禹贡》开始由研究生刚毕业的谭其骧协助顾颉刚编辑,其后又由燕京大学同学冯家升协助编辑。顾颉刚本人也注重对青年学子的锻炼,《禹贡》半月刊第6卷第12期出版《康藏专号》时,他就让新手吴丰培编辑。40年后,吴丰培回忆说:"记得他让我编十余万字的《康藏专号》,仅给半月时间,像我这样的新手,确感手忙脚乱,顾此失彼。校稿匆忙,显有误字,他即当面指出,并对于如何编稿、校稿教导许多方法。"①这都说明青年学子编辑史学刊物在其时是一种广泛存在的现象。

除了尝试编辑史学期刊外,史学期刊的创办为青年学子发表史学研究成果提供了机会,甚至许多刊物的创办宗旨本身就是为了给学生

---

① 王煦华编:《颉刚先生学行录》,北京:中华书局,2006年。

创造发表论文的园地,《史地研究》就明确说明其创刊是为了"发行会员的研究结果,可以更好的进行学术交流,以求有所教正"①。又如,《禹贡》起初的创刊目的也是如此。许多人青年学子通过史学期刊发表其研学所得,提高了研究历史的兴趣,奠定了其后学术发展路向。其中最有代表性的则是《禹贡》《食货》等刊物。

顾颉刚编辑《禹贡》的目的就是为学生发表论文开辟阵地,顾颉刚在教授历史地理课的过程中,在学生课卷中屡睹佳文,但这些论文往往并没有出版发表的机会,因此他和谭其骧倡议创办《禹贡》。为了培养学生的历史研究能力,顾颉刚亲自为学生布置研究的题目,帮助学生修改论文或者补充材料,有些文章甚至修改得面目全非,但是还是鼓励学生在《禹贡》上发表。其后在历史地理学上作出较大成绩的侯仁之的回忆具有很大的代表性,他说:"四十六年前当《禹贡》半月刊创刊的时候,我正在大学二年级学习……一次在上课的时候颉刚老师告诉我们说,《禹贡》半月刊的出版给我们提供了一个练习写作的园地。他还亲自为我们每一个人拟定了写作的题目。我分到的题目是:《汉书地理志中所释之职方山川泽寝》。当时我们每个人都很兴奋,跃跃欲试。但是我自己的旧学根底很差……好在这一写作的要求,乃是以辑录为主,最便初学,因此我还是努力按期交卷了,至于是否能够发表,却没有什么信心,出乎意料的是这样一篇习作,很快就在《禹贡》上登载出来。尤其使我惊异的是这篇文章的绪论和结语,都经过了颉刚老师的修改、补充和润饰,竟使我难于辨认是我自己的写作了。这件事大大激励了我,我决心去钻研古籍,就是从这时开始的。"②

《禹贡》刊登了大量的青年学子的文章,顾颉刚鼓励学生写作史学论文,他认为学生年纪轻,是非观念总是超过了利害观念。他们的学问虽不及许多专家,经验不及许多职业者,但他们认得清楚,走得勇敢,是

---

① 《史地研究会简章》,《史地研究》,第一卷第一期,1924年。
② 侯仁之:《回忆与希望》,《历史地理》创刊号,1981年。

一些专家和职业者所不及的。如其时学生杨向奎写作《夏代地理小记》一文,对时任历史语言所所长的傅斯年《夷夏东西说》提出不同看法,顾颉刚认为此也是一家之见,在《禹贡》上予以发表。总的来看,《禹贡》造就了一大批中国历史地理学的杰出人才,如谭其骧、张政烺、史念海、王庸、候仁之等,他们为中国历史地理学的发展奠定了基础。

另外,《食货》也对史学人才的培养起到了重要的作用。《食货》主编为陶希圣,他也非常注重对青年学子的培养,鼓励他们在《食货》刊载论文。北京大学学生沈巨尘、曾謇、武仙卿,北师大学生鞠清远,燕京大学学生连士升等都是《食货》的主要撰稿人,全汉昇在北大求学时,生活一度陷于困境,陶希圣鼓励他向《食货》投稿来解决生活困境,杨联陞也说:"陶(希圣)师与《食货》诸君对联陞皆有影响,经济史之转向实发于此"①。后来,沈巨尘、曾謇、武仙卿、鞠清远、何兹全等人毕业后和陶希圣形成较紧密的工作关系,在《食货》周围逐步形成了一个固定的学术团体,随着论文的发表及《食货》的影响不断扩大,他们也都在学术界崭露头角。

概而言之,相比于传统史学而言,通过创办史学期刊逐步形成了一种培养史学研究人才的模式,为史学人才的成长提供了又一条路径,与其时的大中小学历史教育一起培养了一大批史学人才,促进了民国时期史学研究的发展。

二 史学期刊对历史教育的探讨

除了通过创办史学期刊对人才的培养外,史学期刊还刊登了大量有关历史教育问题的论文,对五四后历史教育的革新、新的史学人才培

---

① 杨联陞:《打像为誓小考》,见《纪念陈寅恪先生诞辰百年学术论文集》,北京大学出版社,1989年,第282页。

养模式进行了探讨,其中以《史地丛刊》《史地学报》《历史教育》三种期刊最具代表性。

(一)《史地丛刊》对历史教育的探讨

《史地丛刊》创刊于1920年,由北京高等师范学校史地研究会创办。北京高等师范学校为中国早期师范类的大学之一,其下创刊的《史地丛刊》对历史教育问题也必然给予一定的关注。

首先,有关中学历史教学方法的问题。《史地丛刊》于第2卷第1期刊载了由朱希祖提议、何炳松附议的有关改良中学历史地理教学的议案。对其时中学历史地理教学的相关问题提出了诸多的改良措施,主要表现在以下几个方面:其一,认为中学宜先教地理,后教历史,"历史之应用地理者少,地理之应用历史者多,先教地理,历史更易明了"。其二,对于中国和外国的历史地理应该同时教授。如此,才可以明辨历史地理与外国之差异,"异国之间,可资比较,乃能识文化程度高下之所以然"。其三,中国历史与外国历史的教授时间分配问题。强调中国史与外国史并重,"本国外国历史时间之分配,均宜以上古中古近古占二分之一,近世现代史占二分之一"。其四,强调对中外近现代史的教授,而且颇为有意思的是,他们将时事也纳入历史所应教授的范畴①。其时中学旧制为4学年,而本国史在第二学年教授完毕,这样其后两年的"现代史"则无法教授,因此,他们主张现代史均宜提前先教,其后随时补讲,至毕业之时事为止。其五,对有关课程的名称提出异议。他们认

---

① 朱、何二人提到"则为历史教员者,常记时事以为史,使作史之事业,不在官而在民,使全国生出无数历史家,其记载之真确,势力之伟大,当在全国新闻记者之上"(朱希祖提议、何炳松附议:《改良中学校历史地理教法议案》,《史地丛刊》第二卷第一期,1922年)。他们希望历史教员,即其时的史学工作者作时事之记载,与新闻记者争胜,力图效仿古代史家之作"实录"的工作。而且在20世纪20年代初期,就早期所创办的史学期刊来看,也确实存在这一现象,如《史地学报》、《史地研究》等刊物都大量刊载有关时事方面的论著和消息,由此,我们可以看出其时史学尽管在理论上日新月异,但在实际操作过程中,不知不觉中受到中国传统史学之影响,带有传统史学的印记。

为"东洋、西洋之名史,乃日本苟且之称谓,其时西洋史中古代近代皆涉东洋,东洋史亦百涉于西洋","东亚史"之名,"则更名不副实,岂置西亚而不讲耶?"因此,提出"无论东洋西洋各国史,皆以外国史名之"①。上述观点与朱、何二人对历史学的性质及其功用的认知相关,何炳松更是受到鲁滨逊新史学的影响,强调历史学以"认识现代社会以创造将来为目的","追溯现代社会之所由来"②。因此,在历史教育问题上,重视地理学对史学之作用,强调中外史学的并重,尤其重视对"现代史"的教授,视其为"尤密切重要"者。

在同期又有杨玉如译《历史实验室的教学法》一文,该文作者为瓦根(A.C.Wagon),作者受近代自然科学发展之影响,试图模仿自然科学建立实验室的做法,建立历史教学的实验室。列出的实验器具包括书桌、书籍、纲领、记录簿、图书馆、新闻纸剪段、新闻纸和期刊、图解、图画等。其基本原则就是学生在老师的指导下自己写出历史,即融学习于"实验"中,"learning by doing"③。这种教学方法显然是对科学过度崇尚之表现,受美国杜威"实用主义"之影响,但其指出历史教学借助于相关的教学设备应当是具有积极意义的。《史地丛刊》刊载此文,对于中国历史教学摆脱单一的背诵模式具有一定的作用。

其次,有关中学历史教科书的问题。《史地丛刊》第2卷第2、3期合刊刊载程国璋、梁启超两人文章,对中学历史教科书的问题进行了专门的分析。程国璋《中学中国历史教科书研究法》④一文较为系统地分析了其时中学历史教科书存在的问题,作者认为中学历史教育的目的

---

① 朱希祖提议、何炳松附议:《改良中学校历史地理教法议案》,《史地丛刊》,第二卷第一期,1922年。
② 朱希祖提议、何炳松附议:《改良中学校历史地理教法议案》,《史地丛刊》,第二卷第一期,1922年。
③ 杨玉如:《历史实验室的教学法》,《史地丛刊》,第二卷第一期,1922年。
④ 该文见于《史地丛刊》第二卷第二、三期合刊,文章较长,分期刊载,因《史地丛刊》随即停刊,只能见该文上半部分,但该文列有较为详细的"目次",对其讨论的内容由此可有大体的了解。

应该包含以下几个方面：1、注重社会民族之递变及进化的程序，以明了现代之渊源及趋势；2、注重社会的组织及支配社会之势力，以明了古今社会之实际状况及情形；3、考察成败兴衰之因果的关系，以增进个人之学识经验；4、感情的陶冶及人格的修养；5、培养学生读书的习惯。而现行的中学历史教科书则达不到这些要求，作者选取了其时通行的几种教科书[①]，对其进行了仔细的分析，认为这些"教材的选择编制毫无目的，时间的分配更不适宜"，显得"尤为纷乱冗杂"。其后，作者比较了中国中学历史教科书与欧美教科书，认为二者在装订、教材选择、编制等方面都存在一定的差距，呼吁重新编订历史教科书，而新编的历史教科书必须在材料的选择、分期章节及其文字叙述方面给予注意[②]。

梁启超对其时中国历史教科书的内容也提出了批判，指出了其缺点。第一，其时的教科书都属于政治史性质，不能完整地反映历史的全部。第二，即使记叙政治史亦是专注于朝代兴亡和战争，不能说明政治趋势的变迁。第三，关于社会及其文化事项，虽然于每朝代之后间有叙述，然太简略且不连贯。因为这些缺陷，导致学生缺乏对历史的兴趣，且不能发扬史学之时代价值，由此梁启超提出了两点矫正的意见：其一，"以文化史代政治史"；其二，"以纵断史代横断史"，分年代、地理、民族、政治、社会及经济、文化等6个部分来重新编纂中学历史教科书[③]。

第三，大学中国历史的教授问题。民国时期的大学教育作为一种

---

① 其时通行的中学历史教科书分别为：赵澄鋆、吕瑞廷编《新体中国历史》（光绪三十三年，商务印书馆），陈庆年编《中国历史教科书》（宣统二年，商务印书馆），潘武编《中学历史教科书》（1914年，中华书局），赵玉森编《本国史》（1913年，商务印书馆），钟毓龙编《本国史教本》（1914年，中华书局）。据程国璋言，《本国史》通行最广，《中学历史教科书》、《本国史教本》次之，《新体中国历史》又次之，《中国历史教科书》最少。见程国璋：《中学中国历史教科书研究法》，《史地丛刊》，第二卷第二、三期合刊，1923年。

② 程国璋：《中学中国历史教科书研究法》，《史地丛刊》，第二卷第二、三期合刊，1923年。

③ 以上引文皆出自梁启超：《中学国史教本改造案并目录》，《史地丛刊》，第二卷第二、三期合刊，1923年。

最高等的教育,区别于普通的中学校教育,是以培养学生研究"高深的学术"为主要目的,已经带有一定的学术研究性质。因此,对于大学历史教学,并不设固定的规范,往往随教师研究心得而自行设置。对此,民国学人视为一种共识,如其时诸多教学科目都是教师自编讲义或翻译外国学者的著述来进行讲述。然而就中国历史而言,章嵚认为"除了现代一部分,都是些陈旧的材料,是否统统要在教师口里或笔底经过",对此,他持一种怀疑的态度。他认为,大学中国史的教授必须要做到"相当的组织"和"相当的理解",实则是针对空论式、考据式、类书式及札记式的教学方式的纠正,希望以此来使学生达到对历史的"通像"有所了解,"注意一个时代里人民和国家的紧要关键","注意以往的政像和一切思想与现在社会有怎样的关联"①。由此,章嵚提倡借助社会科学对历史学的作用。总的看来,他试图从新的史学观念出发,在历史教育上期望教师对历史作出理论的总结和解释,即做到归纳和演绎。

(二)《史地学报》对历史教育的商榷

《史地学报》由南京高等师范学校创办,如同《史地丛刊》一样,亦依托于师范类学校,对于历史教育问题也给予了同样的关注。

首先,陆维昭对如何编辑中学历史教科书作了系统商讨。如前所述,其时通行的中学历史教科书,为一般学者所不满意。程国璋在《史地丛刊》中撰文对中学历史教科书作了系统的考察,陆维昭对此也同样予以注意,其发表于《史地学报》第1卷第3期的《中等中国历史教科书编辑商例》,与程氏一文几乎同时发表。他对其时通行的教科书亦有所不满,认为存在"编纂与材料的欠合"与"形式的简略"两大弊端。指出编纂历史教科书必须要注意以下三个方面:1、要发挥历史的意义;2、要明白教科书的组织;3、要为中学生读。进而他从诸多方面对历史教科

---

① 章嵚:《大学校的本国史应该怎样教授》,《史地丛刊》,第二卷第二、三期合刊,1923年。

书的编辑进行了仔细的商讨,其主要观点如下:1、轻个人重人类国家社会,2、时代变迁当为连续的说明,3、认中国历史为世界史之一部分,4、政治文化不当分叙二途,5、上推到无史时代,6、认一切史迹大都为人类公共合作而成,7、要用真实的学者精神研究历史不以作史为手段,8、征因果重进化,9、须附加几种专史概略,10、古今地名宜注今地名,11、帝王年号附注西历纪元,12、增加练习,13、增加史表,14、增加插图,15、末后附提要表,16、每课之前加设问题,每课之末加注引书,17、增加中国史学概略①。这里陆维昭不仅对编辑中学历史教科书中历史观念问题作了归纳,而且涉及到具体问题,如地名、纪年、练习等等,对于其时历史教科书的编纂具有实际的指导意义,依我们今天的眼光看,也还具有一定的可操作性。

其次,徐则陵对历史教学及其设备问题的讨论。徐则陵作为南京高师的史学教员,对于历史教学问题非常关注。其时,社会以实业为先,各级学校倡导自然科学,忽视历史等人文学科,徐则陵则呼吁学校和相关教育部门应该加强对历史学的重视,他说:"历史与生物理化等学科于学生之陶养上各有作用,学校既设历史一种学科,未可偏重。学校支配经费,尤宜兼顾。"②因此,他希望效仿欧美各国,增加历史教学的设备,提议设立历史陈列馆或者史地陈列馆,购置图书和模型,如画片、影片、幻灯片、石膏模型、纸质模型等等,"以为示教之工具",从而使学生对历史有感观的认识,增强对历史的理解力,并且获得"美感"③。在具体的教学方法上,因为并没用统一规定的教材和教学目的,教师在教导学生学习历史的过程中,往往主张也不同,有的以为学生研究历史应当以记忆时事,且多多益善,而有的教师则以为学生研究历史应该养

---

① 陆维昭:《中等中国历史教科书编辑商例》,《史地学报》,第一卷第三期,1922年。
② 徐则陵:《历史教学设备问题及其解决之方法》,《史地学报》,第一卷第三期,1922年。
③ 徐则陵:《历史教学设备问题及其解决之方法》,《史地学报》,第一卷第三期,1922年。

成解释历史事实的能力,记忆则不必注重。徐则陵主张"记忆力"与"解释力"应该并重,并以"1583年(万历十一年)利玛窦到肇庆"一句为例分析了学生学习历史的心理过程①。

第三,关注中华教育改进社之活动。1922年11月《史地学报》2卷1期用大量篇幅介绍中华教育改进社的有关活动,题为"今夏中华教育改进社关于史地教育之提案及历史教育组地理教学组之会议记录"。中华教育改进社成立于1921年,下设32个委员会,历史教育委员会即是其中之一。1922年7月3日至8日,中华教育改进社在济南召开了第一届年会,出席历史教育组的有梁启超、何炳松、朱希祖、柳诒徵、徐则陵五人,共提交了五件议案,梁启超、何炳松、徐则陵、陈衡哲、朱希祖每人各提交一件。历史教学组开了三次讨论会,除了陈衡哲的议案被否决外,其余议案留待中小学历史教学研究委员会成立后,汇总从长讨论。《史地学报》不仅报道了有关这次会议的经过,而且对五件提案都予以了刊载。其中何炳松、朱希祖两人的议案虽各自提出,但其主要观点早见诸于1922年5月《史地丛刊》第2卷第1期刊登的《改良中学校历史地理教法议案》一文,该文以朱希祖提议、何炳松附议的名义发表。梁启超的议案《中学国史教本改造案并目录》也同样于《史地丛刊》第2卷第2、3期合刊中有刊载,《史地丛刊》第2卷第2、3期虽然发行于1923年4月,但主要是因为出版社方面的原因,稿件的编辑应该早就完成。有关何炳松、朱希祖、梁启超等人的观念前文已有讨论,此不赘述。这里简单介绍徐则陵、陈衡哲两人有关中小学历史教育的观念。徐则陵讨论的范围比较宏大系统,他认为历史对于陶冶公民非常重要,因此必须加强对中小学历史教育各个方面的研究,具体来说,主要从以下几个方面着手:1、教学的目的,2、课程的设置,3、历史教材,4、教学的方法,5、课程的衔接,6、历史与地理、公民等学科的关系,7、师资培养。

---

① 徐则陵:《历史教育上之心理问题》,《史地学报》,第二卷第一期,1922年。

于此7个方面,徐氏提出了研究的方法,主要是在吸收西方历史教学经验的基础上通过调查分析实验等方法,结合中国具体的实际来探讨历史教育问题。陈氏的观念则较为极端,她反对使用历史教科书,而注重学生研究学问能力的培养,主张完全废止讲义,令教师指导学生自修。这种观念主张培养学生自主学习能力,使学生具有问题意识,但与其时的历史教学现状不符,就中小学历史教学而言,缺乏可操作性,最终被否决。

此外,《史地学报》对其时西方国家的历史教育也有所关注,如第2卷第2期刊载陈训慈译《战后德意志历史教学》一文,该文对一战后德国兴起的民族主义思潮对历史教学的影响进行了描述。

(三)《历史教育》对国难时期历史教育的思考

《历史教育》创刊于1937年2月1日,为我国第一份历史教育类史学期刊,其创刊正值全面抗战爆发前夕,战争的阴霾笼罩中国,为了发挥史学的功用,激励国人之民族自觉、爱国心之觉醒,《历史教育》对国难时期历史教育特别是中小学历史教育问题进行了商讨,刊载了诸多相关方面的论文,如初拓《历史教育的改进问题》、王辑五《历史教育的新动向》、孙克刚《历史教育要普遍化》、钱穆《历史与教育》、章人钧《中学历史教学的基本原则》、尹炎农《非常时期之历史教材的商讨》等。

首先,强调了历史研究与历史教育的区别。历史研究与历史教育在本质上是否一致,二者之间有何联系,初拓首先给予了回答,他认为历史研究的对象是历史的本体,其态度是科学的,而历史教育学研究的对象是历史的作用问题,其态度是教育的①。孙克刚亦认为历史研究与历史教育之间有着本质的区别②。他们都强调了历史研究的科学性,而历史教育则主要考虑的是历史的作用问题,在实质上是"使受教

---

① 初拓:《历史教育的改进问题》,《历史教育》,第一卷第一期,1937年。
② 孙克刚:《历史教育要普遍化》,《历史教育》,第一卷第一期,1937年。

的客体者获得历史的知识,俾其实际生活上无所缺乏",在形式上则是"使受教育的客体者在学习历史时,于不知不觉之间,养成其爱国家的意识,兼谋其道德的判断敏锐"①。这一观念的产生与历史学本身的发展相关,受西学影响,五四以来对科学与理性的崇拜,历史学朝科学性方面有了较大的发展,学术研究这一概念已经逐步确立下来,成为理性和科学的事业。初拓等人这里明确强调历史研究与历史教育之区别,虽说与其时国内外时局发展相关,但也确实反映了近代史学研究已经走上了学术化的轨道,完成了由传统向近代的转型。

其次,强调了"非常时期"历史的教育功用及使命。他们认为在此内忧外患日益紧迫,民族危机到了最后关头的时期,历史教育具有重大的责任,发扬民族精神,培养民族意识,唤起民族自觉,激发爱国情怀等问题都是今后历史教育所应当努力的目标。中国古代历史教育的主要作用在于"劝善惩恶",初拓说"这种作用至今还保持着,不过现在时代不同,如果历史教育的作用仅只在'劝善惩恶',那是历史教育的失败"。因此,他从四个方面强调了对历史教育的改进问题:1、历史教育的普遍化②。过去的历史教育,只着重于士大夫阶层,而忽视了广大的民众,但是"挽民族于危亡需靠全国多数民众共同的努力和切实的合作",所以他认为"今后的历史读物,应选取富有民族思想,且切合民众日常生活需要的历史材料,用浅显而通俗的词句写出。以之教育民众,改进他们的落后思想,增进他们的历史知识,使他们明了吾民族所处的地位,及自己对民族国家的关系"。2、历史教学应以发扬民族精神为主。主要包括以下五个方面:说明国人对世界文化上的贡献;叙述历代与外夷奋斗之困难;叙述国亡时之耻辱与人民死亡;叙述民族英雄之生平;叙

---

① 初拓:《历史教育的改进问题》,《历史教育》,第一卷第一期,1937年。
② 关于历史教育的普遍化问题,孙克刚在同期的《历史教育》中发表专文有所讨论,他认为,中华民族遭到了历史上前所未有的危机,这种危机不是少数人的力量所能挽救的,必须全民动员,而历史在其中则可以发挥重要的作用。见孙克刚:《历史教育要普遍化》,《历史教育》,第一卷第一期,1937年。

述兴隆时代之远略。3、要使历史教育切合时代的需要。4、重新审查历史教科书和核实历史教员。其时,通行的中小学历史教科书,都是书市雇佣的人所编订,在内容和材料取舍上存在错误较多,他建议"应当由教育部严格审查教本,其不合标准者,应禁止发行,以免贻误青年",同时对于教员也应严格审查①。

钱穆从其时中国教育的现状出发,强调了本国史在历史教育上的作用和意义。他认为当时的教育存在两个弊端,其一是有留学教育而无国家教育,"国家教育的责任早就付托在外国,全国青年的最高希望亦是归宿于外国"。其二是只有技术教育而无国民教育。其时,各级学校的课程重心以及公私主持教育者的眼光和理论,都倡导实业科学,限制文法科学,视教育的最高目的为培养学生一种职业的技能,而不重视学生与社会、与国家之间的关系。因此,在课程的设置上,以外语和数理为先,"对于本国文字,在力求通俗浅易,而本国史则在中国现教育绝无地位"②。钱穆反对这种教育的现状,他本着民族本位之精神,充分肯定了中华民族之悠久历史与文化,力图从传统史学中挖掘现代精神,表现在历史教育的观点上,则强调本国史在历史教育上的重要作用。他认为应该首先使国民认识自己已往历史之真实价值,"启发其具有文化意味的爱国精神,同时培养其深厚的奋发复兴之想象与抱负"③。

第三,对中小学历史教学及其教科书的商榷。为了充分发挥历史教育之功用,对于中小学具体的历史教学《历史教育》也有所探讨,章人钧认为历史教学必须遵循两个基本的原则:其一,发挥历史在现时代的效能;其二,指示青年对进化观念的认识④。在教科书方面则有尹炎农

---

① 初拓:《历史教育的改进问题》,《历史教育》,第一卷第一期,1937年。
② 钱穆甚至极而言之"中国学校里所以还有中国史一科目,或许因世界现行教育制度全有本国史一科之故,并不是中国的教育界确知道本国史在教育上的真实地位及其使命"。见钱穆:《历史与教育》(《历史教育》,第一卷第二期,1937年)。
③ 钱穆:《历史与教育》,《历史教育》,第一卷第二期,1937年。
④ 章人钧:《中学历史教学的基本原则》,《历史教育》,第一卷第二期,1937年。

《非常时期之历史教材的商讨》一文对此作了探讨,尹炎农认为"非常时期教育"就是"一种准备战争的教育,是指教育青年来担负起救亡的工作"。历史教育的目标是借助历史来激发民族精神,以图自强,分析国际政治大势以谋抵抗侵略。由此,他对中国史和外国史所应教授的内容作了具体的划分,关于中国史方面,包含以下几个方面:分别为能培养民族精神的内容;能激发爱国情怀的内容;能巩固统一的内容;能激励冒险精神的内容;能阐扬本国文化的内容。关于外国史方面则包含:能借助分析列强政治经济大势的内容;能借助批判帝国主义侵略政策的内容;能引动中华民族自求解放的内容;能启发中国文化的内容;能改进中国人民思想和习俗的内容①。钱穆则主张本国史应该包含"多分的鲜明而活泼的人事的成分,换言之,即使本国史脱离目前主观的意见与烦琐的考订,而先恢复到注意具体事情之大体上来"②。

综上所述,产生于全面抗战前夕的《历史教育》,不论其创刊的宗旨还是刊载的论文,皆偏向于历史教育的社会功能,力图以历史来警醒世人,激励青年,启发其爱国热忱,逐步丧失了就历史学发展本身出发来进行历史教育的应有特点,是可谓时代环境使然,也是史学的应有之义。

---

① 尹炎农:《非常时期之历史教材的商讨》,《历史教育》,第一卷第二期,1937年。
② 钱穆:《历史与教育》,《历史教育》,第一卷第二期,1937年。

第四章 史学期刊与史学思潮

一定时期内史学期刊的总体数量及其影响反映了史学发展的不同面貌。本章主要就二三十年代出现的史学思潮，说明史学期刊在确立及形成这一思潮时所产生的作用和影响。关于民国时期对新史学的发展具有关键性作用的学术期刊，美国密西根大学历史系的张春树认为有1926年6月开始发行的论文集型的学刊《古史辨》、1927年11月开始刊印的《国立第一中山大学语言历史学研究所周刊》、1928年10月刊行的《中央研究院历史语言研究所集刊》、1934年3月发行的《禹贡》半月刊和1934年12月创办的《食货》半月刊。对于这几个学刊的史学贡献，张春树概括了四个方面："(1)扩大国史研究之领域与材料之范围；(2)开拓历史解释之架构与范畴；(3)加深史学分析之角度与幅度；(4)养成众多之具高度史才、史学、史识并多具科学分析方法之青年史学家。总其成果，便是引导中国之史学研究进入一境域，为近代中国史学标界立基。"①张氏主要是从总体上对学术期刊对史学发展的影响作出了判断，我们认为，就具体的史学期刊的创办而言，他对于创立和推动一种史学思潮和史学流派的兴起同样起到了极其重要的作用。

中国传统的学派划分标准大致以师承或地缘为标准。民国以来，由于教育制度的变革以及学术繁杂等原因，学者每每师承不明，故欲区分学派，往往只能就个人的学术倾向与学术个性而论。但近代以来，研究机构的成立、学术刊物的创办、由共同的研究目标而结成的同人群体

---

① 张春树：《民国史学与新宋学——纪念邓恭三先生并重温其史学》，《国学研究》，北京大学出版社，1999(6)。

也为学派的形成提供了条件。学派的兴起和成功都与自身的宣传分不开,许多学派都有自己的专门刊物,从西方史学发展来看,年鉴学派是其突出的代表,1929年1月,法国两名年轻史学家吕西安·费弗尔和马克·希洛克创办了《社会经济史年鉴》,通过"这个小小的刊物竟然组织起一支威武雄壮的史学大军即随之形成的年鉴学派,使法国历史学最终站在国际史学界的前列"①。在中国则有《史地学报》、《中央研究院历史语言研究所集刊》、《禹贡》、《食货》等一批刊物,围绕这些刊物形成了诸多的史学流派,对近代中国史学的发展产生了重要的影响。

这里,我们主要探讨了《史地学报》、《史学与地学》、《史学杂志》、《史地杂志》与史地学派,《中央研究院历史语言研究所集刊》与史料学派,《禹贡》与历史地理研究,《食货》与经济史研究等问题。

一 《史地学报》《史学与地学》《史学杂志》《史地杂志》与史地学派

史地学派是以南京高等师范学校(东南大学)史地系师生群体为主体所组成的学术团体,代表成员主要有柳诒徵、竺可桢、陈训慈、张其昀、缪凤林、胡焕庸、郑鹤声、刘掞藜、向达等。史地学派兴起于五四以后,在当时学界主流日渐趋新、批评旧学,视中国旧有传统学术思想文化为糟粕的氛围下,该派服膺于美国新人文主义学者白璧德(I. Babbitt)的学说②,与其时白璧德的门生梅光迪、吴宓、汤用彤等学衡派

---

① 宋瑞芝等主编:《西方史学史纲》,开封:河南大学出版社,1989年,第323页。
② 白璧德为哈佛大学文学教授,主张文化的融汇与沟通,强调不同文化之间以及传统文化与现代文明之间的共通。其学说综合西方自希腊以来贤哲及东方孔、佛之说而成,自成一家之言,对于近世各种较偏激的主张进行批判。对于其时中国兴起的五四新文化运动,认为过于"崇信机械之功用"和"注重感情(欲望)之扩张"(胡先骕译:《白璧德中西文化教育说》,《学衡》1922年第2期)。

成员关系密切①,主张对中国传统文化进行理性的反思,批评的继承。而这一文化观念落实到具体的学术研究上,则表现为反对空乏议论,崇尚实学,致力于古籍的研读、地理的考察,讲求学术研究的"经世致用"。

史地学派以柳诒徵、竺可桢为导师和旗手,然而,一个学派之形成和发展非以一二人之力能尽功,培养和发展一定的学术团队是必然的选择。在学派的形成过程中,创办学术刊物、建立学会是一条有效途径。史地派学人非常重视学术期刊的创办与发展,从1921年起直至全面抗日战争爆发,史地学人创办的史学期刊就达4种,分别为:《史地学报》《史学与地学》《史学杂志》《史地杂志》,这些期刊存在的时间或长或短,但对于宣传史地学派的观念、培养史地学人产生了重要的作用和影响。史地学派的名称实即来源于此,史地学派被学界所认知亦来源于此。可以这样认为,《史地学报》等刊物的创办促成了史地学派的产生。

(一)办刊宗旨与史地学派的产生

1921年创刊的《史地学报》,为南京高师史地研究会的专门刊物。其成员以柳诒徵、竺可桢为导师的南高史地部学员为主,主要刊登学会成员的文章,刊物的编辑出版事宜也大都由学生负责。柳诒徵在创刊号的序中对《史地学报》的创刊原因作了说明,他说:"清季迄今,校有史地之科,人知图表之目,其学宜蒸蒸日进矣。顾师不善焦(教,笔者注),弟不悦学,尽教科讲义为封畛,计年毕之,他匪所及。于是历史地理之知识,凡几乎由小降于零。国有珍闻,家有瑰宝,叩之学者,举之不知,而惟震眩于殊方绝国巨人硕学之浩博。即沾溉于殊方绝国者,亦不外教科讲义之常识,甚且掇拾剽末稗贩糟粕,并教科讲义之常识而不全,而吾国遂以无学闻于世。呜呼!今世人之所知者,已至于有史以前之史,大地以外之地,而吾所知,如此,匪惟不能争衡于并世,且举先民之

---

① 柳诒徵、胡焕庸、向达、徐震堮、缪凤林、景昌极等史地学人都在《学衡》发表过相关文章。

已知者而失坠之,而犹侈然自居于学者,其可耻孰甚?吾尝以此晓诸生,诸生亦耻之,于是有史地学报之刊。"①从1921年创刊到1926年停刊止,通过出版《史地学报》,发表学生和导师的论著,逐步培养出了一批致力于历史学和地理学研究的人才,陈训慈、张其昀、缪凤林、胡焕庸、郑鹤声、刘掞藜、向达等人就是其中的杰出代表。史地学派也因此而初现端倪,形成了一支较为有力的学术团体。

此后,随着这批学人纷纷的离去②,《史地学报》无力维持下去,1926年随之停刊。然而,史地学派并没因此而解散,同人又于1926年创办《史学与地学》杂志,以柳诒徵为代表,组织中国史地学会,通过出版《史学与地学》将这一学派重新的联合起来,以"中国史地学会"的名义出版发行《史学与地学》。他们认为"欲明宇宙之真相,舍治史地,其道无由","欲知国家之真谛,舍治史地,其道无由","欲识人生之真义,舍治史地,其道无由"③,将史地学作为研究的重要内容。《史学与地学》出版两年后停刊,其后,张其昀、胡焕庸等将史学与地学分割开来,独立创办了《地学杂志》,与此呼应,1929年缪凤林等与张其昀共创《史学杂志》,柳诒徵在其发刊词中对此有了说明:"往偕诸生倡《史地学报》,嗣又倡《史学与地学》,皆并列史地犹昆弟孪生者,然去年张子其昀倡《地理杂志》于大学,今年缪、范、陈、郑诸子又与张子倡《史学杂志》,盖孪生之子自毁齿而象勺,虽同几席而各专其简策之通轨也。世运日新,浅化者或张皇震惊而莫测其始,因及归趣自治史者观之。"④《史学杂志》以"南京中国史学会"名义出版发行,出版两年后,于1931年

---

① 《史地学报》序,第一卷第一期,1921年。
② 1925年3月,东南大学发生学潮,柳诒徵不满于事态的发展而辞职,携缪凤林、景昌极等于是年6月离开南京,赴沈阳东北大学任教。而此时,史地学会的骨干也多毕业离校。其中,胡焕庸、陈训慈、张其昀、缪凤林和诸葛麒等人于1923年毕业离校,向达、郑鹤声、刘掞藜、陆维钊等人于1925年毕业离校。
③ 柳诒徵:《弁言》,《史学与地学》,第一期,1926年。
④ "发刊词",《史学杂志》,第一卷第一期,1929年。

停刊。

史地派学人通过史学期刊的创办,不仅扩大了他们在学术界的影响,并且通过创办期刊这一形式,一直努力将其学派维系下来。此后,直到1937年张其昀等在国立浙江大学依托史地学系,创办《史地杂志》,将这一学派史地之学并重的学术观念延续下去。概而言之,史地学派的形成及其发展,与史学期刊的创办相始终,刊物的创办是史地学派得以延续和发展的保证。

(二)史地学派之成绩在期刊中的反映

1.关注史学界动向

史地学派非常重视史学发展的动向,注重同史学界的交往和沟通,这一点在其所创办的史学期刊中有较为充分的反映,尤以《史地学报》表现得最为明显。《史地学报》自第1卷第3期开始,就设有"史地界消息"专栏,专门刊登有关历史学和地理学方面的消息。规定"历史类以研究所,史学家,出版物,历史展览,考古挖掘,以逮琐闻、讣闻等为次。"[①]而且所关注的范围不仅仅是中国史学界,还包括欧美史学发展的近况。如对于北大编辑中国史,作了如下报道:"吾国通史虽出版甚多,而多偏奇简陋;欲求群密之通史,不可多得。偶有详者,亦依据旧说,无新史学之眼光。故中国史书虽繁,严格言之,不述原料之多耳。近闻北京大学史学系有鉴于此,拟著手编辑中国史,内容共分四部(上古、中古、近古、近世),由名教授分任编辑。并由该系主任朱希祖拟定大纲六条,注意六条,以为共同之取准。唯国史繁博,整理为难,不知此书何时可就绪也。"[②]并且报道了美国天然历史博物馆之考古旅行,"至西藏探索最古人类遗迹,欲与吾国学界共同进行",英国修造最古建筑

---

① "史地类消息",《史地学报》,第一卷第三期,1922年。
② "史地类消息",《史地学报》,第一卷第三期,1922年。

威斯明教堂,美国史学家来华讲演等消息①,这些对于学者及时了解国内外史学研究动态起到了一定的作用。

《史地学报》还设有"书报绍介"专栏,效仿欧美模式,对新出版的史地类书籍予以介绍,在其第1卷第3期,对设置"书报绍介"专栏目的作了说明:"学术与时皆进,而书报亦随学术之恢扩而益多。故觇一国之学术,虽当由各方面观察,要可由其书籍见之。顾典籍无涯,精力有限,知其大要,有需概述;而新著浩瀚,莫识精粗,学者问津,尤须深造者为之擷引示异。此所以欧美学者之于书报介绍视为切要,多由专家任之。吾国前人亦有'读书记''书录解题'之题,顾暗而未倡。吾人生今日学术奋进之秋,不可不仿异邦之良模,发前人之美意,而于此加之意也。史地之籍,新出甚多,本报新辟此栏,以供绍介之助。"②按照这一宗旨,史地学人对有关国内外新出的史学研究成果予以了较多的关注和介绍,尤以对美国史学的介绍为多。

此外,史地学人所创办的史学刊物也非常重视同读者的交往,经常刊登读者的来信,对有关问题进行商榷,在《史地学报》和《史学杂志》中反映较为明显。如《史学杂志》在后期与傅斯年领导的史语所保持联系,刊登《中央研究院历史语言研究所傅斯年君来函》,并对史语所的研究成绩予以登载。这些都反映了史地派学人对国内外史学发展动向的关注,力图充分的反映其时史学发展的面貌。

2.宣传史地学派之活动

史地学派作为一个起初由师生共同组成的学术团体,到后来发展为拥有一定固定成员、共同旨趣的学术流派。这之间是如何组织与发展起来的?对此,我们可以从他们创办的刊物中有所了解。在史地学

---

① 其报道消息如下:"美国威斯叶大学 Wesleyan 副校长兼历史教授德邦尔博士 Dr.G..M.Dutcher 因本年为该校规定休教之年,特来华考察,于十一月抵北京。先后在北京大学、燕京大学演讲,十一月十日至十二日又在本校演讲'美国制宪之经过',闻德氏尚拟考察中国各地,然后取道印度,更至欧洲游览云。"《史地学报》第1卷第3期,"史地类消息"。

② "书报绍介",《史地学报》,第一卷第三期,1922年。

派早期创办的刊物《史地学报》中,对史地学派的活动宣传得比较充分,很详细地记载了南京高师史地研究会的各方面情况,以"史地研究会纪事"等形式在刊物中予以登载。从中我们可以看出,在研究会草创时期,组织形式还较为简单,如第三届学会职员仅分干事、书记、会计、编辑等几类,发展到后来组织结构不断扩充和完善,至第六届开始,增设了调查、出版、图书等部门。在组织会员进行研究的方式上,起初没有具体的设定,至第五届职员会议起,决定制定分组研究计划,根据学会会员的不同情况分设史学、中国史、西洋史、东亚史、中亚史、时事史、考古、历史教学、中国地理、世界地理、地质学、气象学、地理教学等不同的组类,并在第六届开始正式付诸实施。同时,史地学派学人还邀请著名学者来学会进行讲演,这些讲演也纷纷刊发在《史地学报》上,分别有姚明辉《史地之研究》、朱进之《近代文化之起源》、徐则陵《史料之搜集》、竺可桢《月蚀》、柳诒徵《史之性质与目的》、陈衡哲《中国史学家之责任及机会》、梁启超《历史统计学》等。

  这些宣传对于扩大史地学报的影响都起到了一定的作用,但在其后创办的《史学与地学》《史学杂志》《史地杂志》等刊物中,有关史地学派活动情况的介绍在刊物中不为多见,如关于史地学派组织中国史学会等问题,一般只是在"发刊词"和"启事"中有所提及。出现这一情况主要基于两方面的原因,一方面史学期刊发展到30年代左右日趋成熟,学术性增强,因此必然要减少非学术性内容的刊载;另一方面是因为,史地学派逐步形成了一个稳定的学术派别,有了相应主要代表人员,组织性与创立之初相比必然下降,那么其创办的刊物对于这方面的绍介自然减少。

  3.刊载学派成员的研究成果

  史地学派创办刊物的目的之一就是希望由此来展示其研究成果,扩大其影响力。作为史地学派的主要成员,柳诒徵、竺可桢、陈训慈、张其昀、缪凤林、胡焕庸、郑鹤声、刘掞藜、向达等人通过《史地学报》《史学与地学》《史学杂志》《史地杂志》等刊物发表了许多研究成果,下面我们对此略作简单的介绍。

柳诒徵:柳诒徵作为史地学派的旗手,除了作了发刊词外,在上述期刊也积极发表了自己许多的研究成果。据统计共有31篇,其中《论近人言诸子之学者之失》《清史刍议》《论臆造历史以教学者之弊》《论以说文证史必先知说文之谊例》《中国文化史绪论》《中国史学之双轨》《南朝太学考》《与某君论经济史研究之法》等论著都在上面发表,从中大体能反映柳诒徵历史观念和史学研究的方法。

竺可桢:竺可桢作为史地学派创立初期的导师之一,其主要的工作表现在地理学方面,以"培养一批中国地学家以调查全国的地形、气候、人种及动植物、矿产为己任"①,指导并培养了一批地理学方面的人才,在地理学方面作出了很大的贡献。竺可桢在上述期刊发表的有关历史学方面的论著并不多,据统计,有以下3篇,分别为《欧洲战后之新形势》《改良阳历之商榷》《论以岁差定尚书尧典四仲中星之年代》。

陈训慈:陈训慈1919年考入南京高等师范学校,作为史地学派的主将之一,参与了史地学会和《史地学报》的创办,同时也参与了中国史地学会和南京中国史学会的创办。在史地学派所创的史学刊物中翻译和发表论文19篇,其中《史学观念之变迁及其趋势》《史学蠡测》《中国史学运动与地学运动》《清代浙东之史学》等较有影响的文章皆在上面刊登。

张其昀:1919年考入南京高等师范学校文史地部,曾任史地研究会总编辑和副总干事等职,其后,也参与了柳诒徵等组织的中国史地学会和南京中国史学会,为史地学派所创史学刊物的主要撰稿人之一。共发表译著16篇,主要关注点在地理学和历史地理学方面,如《历史地理学》《南宋都城之杭州》《中国与中道》《明清间金陵之都市生活》等。

---

① 竺可桢:《我国地学家之责任》,《史地学报》,第一卷第一期,1921年。

缪凤林:缪凤林于1919年考入南京高等师范学校文史地部,曾任史地研究会编辑和总编辑等职,亦是后来创办《史学杂志》的发起人之一。发表论文24篇,《历史与哲学》《三代海权考证》《中国史之宣传》《历史之意义与研究》《中日民族论》《古史研究之过去与现在》《中国民族史叙论》等都具有一定的影响。

此外,胡焕庸在地理学方面、郑鹤声在中国古代史学史方面、刘揆黎在古史研究方面、向达在中西交通史方面都作出了相应的研究,在上述期刊发表过一定的论文。这些成果有些略显粗略,有些则是较为成熟的研究成果。但不论如何,为其后来的学术研究和发展路向奠定了一定的基础。

(三) 期刊创办与史地学派之影响

史地学派在其时中国新史学诸流并进的潮流下,能占据一席之地,与他们创办史学期刊,加强对自身的宣传分不开。这些刊物提倡对史地之学的研究,反对过分的疑古,注重历史传承,不仅培养了一批史地方面的优秀研究人才,如张其昀、缪凤林等人在20世纪30年代为中国近代学术事业作出了较大的贡献。同时由于史地派学人的努力,也吸引了诸多学者的注意,如梁启超、何炳松、张星烺、孟森、张荫麟、陈汉章、蒙文通、钱穆、张尔田等都在史地学派创办的刊物上发表过文章[①]。这些学者的加入,无疑增强了期刊自身的学术水准,同时也扩大了史地学人所创办期刊的影响力。他们所提倡的反对过分疑古的观念,虽然在其时受到了一定的批评,被认为"信古一派","是一种抱残守缺的人的残余势力,大概不久就要消灭;即不消灭,对于中国将来的史学也是

[①] 梁启超在《史地学报》(3卷1-8期)连载《中国近三百年学术史》(第一至第十二讲),何炳松在《史学与地学》发表《拉施特元史考》(3期)、《历史上之演化问题及其研究法》(4期),钱穆在《史学杂志》(2卷1、2期和3-4合期)上发表《刘向刘歆王莽年谱自序》、《诸子系年考略》、《先秦诸子系年考辨略钞》。

没有什么影响的。"①但事实证明,史地学派强调对历史传承还是有一定的道理的,这种观念并没有被消灭,古史辨派的导师胡适后来明确表明不再疑古就是明证。退一步来说,我们暂且不论史地学派所主张的观念正确与否,在五四运动以后,全面批判传承文化的潮流中,史地学人能以另外一种不同的声音宣告世人,应该说也起到了一面镜鉴的作用,对于中国如何走入新文化提供了不同的视角。

另外,史地派学人通过创办刊物,呼吁创建中国史学会,强调学术研究的团体效应,对最终促进中国史学会的形成,加强学术交流沟通起到了有力的推动作用。正如已有研究者指出的:"南高史地学派在筹建史学会方面的努力,可谓独领风骚。更为可贵的是,他们在整个民国时期,都在孜孜追求着全国性史学会的成立。在当时南北史学界之间对立情绪的影响下,实现这一愿望颇为曲折。但正是南高史地学派成员们不懈的努力,在一定程度上促成了中国史学会的最终成立,极大地推进了中国史学现代化进程。"②

二 《中央研究院历史语言研究所集刊》与史料学派

1928年1月,归国后被中山大学聘为文史科主任的傅斯年与顾颉刚等在中山大学创办"语言历史研究所"③,主张加强对中国语言学和历史学的研究,"要使中国的语言学者和历史学者的造诣达到现代学术界的水平线上"④。而同年初,南京国民政府筹备中央研究院,委任蔡

---

① 冯友兰:《冯友兰先生序》,《古史辨》第6册,上海:上海古籍出版社,1982年,第1页。
② 吴忠良:《南高史地学派与中国史学会》,《福建论坛》,2005年第2期。
③ 该所于1927年7、8月间开始筹备,1928年1月正式成立,以研究学术、发展文化为宗旨。下设考古、语言、历史、民俗四个学会,主任初期为傅斯年,后来为顾颉刚等,出版有《民俗周刊》及《国立中山大学语言历史学研究所周刊》。
④ 《国立第一中山大学语言历史学研究所周刊》第1集,第1期,1927年11月1日,收入欧阳哲生主编:《傅斯年全集》第3卷,长沙:湖南教育出版社,2003年,第13页。

元培为院长。国立中央研究院作为"中华民国最高科学研究机关"①，主要负责科学研究，并指导、联络、奖励全国研究事业。由此，傅斯年极力向蔡元培建议，希望在中央研究院设立历史语言研究所，这一意见得到了蔡元培的同意。1928年4月，中央研究院历史语言研究所筹备处成立，傅斯年、顾颉刚、杨振声任历史语言研究所筹备委员，办公地点设在中山大学校内。筹备处成立后即考虑出版事宜，拟创办《中央研究院历史语言研究所集刊》作为研究所的专门刊物，7月中央研究院历史语言研究所正式成立(以下简称"史语所")，所在地设于广州市东山恤孤院后街25号柏园。同年10月，《中央研究院历史语言研究所集刊》(以下简称《集刊》)第一本第一分出版。蔡元培作了《发刊词》，傅斯年作《历史语言研究所工作之旨趣》《本所对于语言学工作之范围及旨趣》，并发表由顾颉刚、傅斯年提议的《所务记载：造像征集启》。

史语所作为中央研究院下属研究所之一，在傅斯年"近代历史学只是史料学"口号的号召下，聘请了当时很多学术界名流，如陈寅恪、陈垣、顾颉刚、徐中舒、赵元任、李济、岑仲勉、董作宾、罗常培、梁思永、李方桂等；并培养出了一大批的青年学者，如陈乐素、严耕望、陈述、劳干、全汉昇、凌纯声、石璋如、胡厚宣、夏鼐、周一良、邓广铭、王崇武、逯钦立等。从而形成了一个以史语所为中心的学术团体，被学者称之为"史料学派"②。

史语所取得的成绩历来被认为是最为显著的，其创立及其学术成就被认为"在中国学术发展史上是划时代的"，"在当时的国际汉学界都

---

① 国立中央研究院组织法(国民政府17年11月9日公布)，《国立中央研究院十九年度报告》，上海：国立中央研究院总办事处，第1页。
② 对于以历史语言研究所为大本营所形成的史学派别如何称呼，向来意见不一，有称之为"史料学派"的，也有称之为"新考据学派"(见周予同：《五十年来中国之新史学》，《学林》1941年第4期。)或"科学史学派"(许冠三《新史学九十年》，第215页)。

是无与伦比的"①。这些成绩都反映在研究所公开出版的刊物和书籍中。分别有：1.史语所集刊；2.史语所专刊；3.史语所单刊；4.史语所编辑出版的《明清史料》（甲编）、（乙编）、（丙编），人类学集刊以及英文本的《华北平原中国人之体质测量》等，而在这众多的出版物中，以《集刊》最为重要，出版《集刊》也是史语所的工作重心之所在②。因为，与史语所出版的其他刊物相比，《集刊》所刊载的论文很多都具有极强的学术性，是学者研究的精华所在。同时，《集刊》以论文形式出版，能够收入多人的研究成果，便于反映史语所同人的整体成绩。

《集刊》作为中央研究院历史语言研究所出版物之一，第一期于1928年10月出版，以一期叫作一"分"，每四"分"为一本，在每一本末附有"目录索引"和"作者索引"。因时局动荡，历史语言研究所几经迁徙③，但《历史语言研究所集刊》仍能维持出版，直到1949年，它在大陆共出到第二十本，发表论文五百余篇，另有《人类学集刊》、《安阳发掘报告》等附录④。1948年底，史语所迁往台湾，继续保持出版。

《集刊》的创办对于推动史料学派的研究工作，扩大史料学派的影响，宣传他们的史学观念都起到了重要的作用。

首先，《集刊》第一本第一分所载傅斯年《历史语言研究所工作之旨

---

① 杨向奎：《史语所第一任所长傅斯年老师》，杜正胜、王汎森编，《新学术之路（中研院历史语言研究所七十周年纪念文集）》，台北：中研院历史语言研究所，1998年。

② 史语所迁往北平后，当时史语所研究人员很多在清华大学、辅仁大学、中法大学兼课，为了使研究工作不受影响，保证《集刊》的发行和质量，傅斯年作了几条规定，其中一条就是："不编讲义，只做论文，即是《集刊》的稿子"。希望"借此使《集刊》的文章做得快些"。（傅斯年致杨杏佛函[Z]，傅斯年档案（台北中研究院历史语言研究所藏），档号元6·8。转引自尚小明：《中研院史语所与北大史学系的学术关系》，《史学月刊》，2006年第7期。）

③ 1928年，史语所在广州正式创立。1929年史语所由广州迁往北平。1933年因华北局势紧张史语所迁往上海，又于1935年迁往南京。随后又迁往长沙、昆明、四川南溪李庄直至抗战胜利重返南京。

④ 这里因论题所限，仅就1928年第1本第1分至1937年第7本第3分所含内容进行讨论。因日本全面侵华战争爆发，1937年仅出1分。其后，1938年亦仅出一分（第7本第4分），至1939年又恢复正常的出版速度。

趣》一文非常鲜明地表达了史语所成立的目的,提出了"近代历史学只是史料学"的观念,这一观念成为了史料学派工作的指导思想①,在当时史学界产生了振聋发聩的作用。傅斯年认为"中国的语言学和历史学当年之有光荣的历史,正因为能开拓的用材料;后来之衰歇,正因为题目固定了,材料不大扩充了,工具不添新的了。"在这种对中国历史学、语言学的认知和理论预设前提下,傅斯年旗帜鲜明地提出了判定学术研究工作进步与否的标准:第一"凡能直接研究材料,便是进步。凡间接的研究前人所研究或前人所创造之学统,而不繁丰细密的参照所包含的事实,便退步。"第二"凡一种学问能扩张他研究的材料便进步,不能的便退步。"第三"凡一种学问能扩充他作研究时应用的工具的,则进步,不能的,则退步。"按照这一标准,史料学派的行动准则则是遵循顾亭林、阎百诗"照着材料出货"的精神,"一分材料出一分货,十分材料出十分货","因行动扩充材料,因时代扩充工具"②。

这些观念得到了作为史语所历史组组长陈寅恪的呼应,在1930年第一本第二分发表的《敦煌劫余录序》中,陈寅恪指出:"一时代之学术,必有其新材料与新问题。取用此材料,以研求问题,则为此时代学术之新潮流。治学之士得预此潮流者,谓之预流。其未得预者,谓之未入流。"他说:"今后斯录(《敦煌劫余录》)既出,国人获此凭籍,宜益能取用材料以研求问题,勉作敦煌学之预流。庶几内可以不负此历劫仅存之国宝,外有以襄进世界之学术于将来,斯则寅恪受命缀词所不胜大愿者

---

① 根据《旨趣》,史语所初设史料征集、汉语、文籍考订、民间文艺、汉字、考古、人类学、民物学、敦煌材料研究等九个组。因分工过细,不便具体工作,1929年3月,史语所迁到北海养心斋后,傅斯年主持召开所务会议,决定将原设的九组合为三组,即历史、语言、考古,具体分工如下:第一组:历史组,负责史学及文籍校订等工作,陈寅恪任组长。第二组:语言组,负责语言学及民间文艺等工作,赵元任任组长。第三组:考古组,负责考古、人类学及民物学等工作,李济任组长。1935年,史语所迁至南京,又增设人类学组,由吴定良任组长。

② 傅斯年:《历史语言研究所工作之旨趣》,《中央研究院历史语言研究所集刊》,第一本第一分,1928年。

也。"①这里陈寅恪所谓之"预流"、"未入流"与傅斯年所谓的"进步"、"退步"意思是一致的,前者是从学者的角度来讲,后者是从学术发展的角度来讲,都是强调用新的材料、新的工具来研究新的问题,对新材料的发掘成为史料学派工作的一个基本准则。

其次,《集刊》也充分遵循了史料学派的宗旨。《集刊》的创办为史料学派展示其研究成果和观念提供了舞台,主要刊载史语所成员的论文,所刊载的论文都注重新材料的扩充、新工具的运用。从1928年第一本第一分到1937年第7本第3分,近十年间《集刊》共刊载文章178篇,主要以历史学和语言学为主,历史学方面的论文包括文集的考订、史料的搜集与介绍、考古、人类发展及其名物等;语言学方面的论文包括汉语、西南话、中央亚细亚语、语言学等。但无论是有关历史学的内容还是语言学的文章,其突出的特点就是对新史料的重视。所谓"新史料"应该包含两个方面的意思,一方面是指能够发现新的材料来对历史问题的研究提供新的参证;另一方面更多地是指能够"开拓的用材料",不局限于从已有的固定的材料来寻找依据、说明问题,而是能够不拘一格扩大材料的使用范围,这应是以傅斯年为主导的史料学派要义所在。

关于新材料的发现与介绍,有如下几篇文章:董作宾的《跋唐写本切韵残卷》《殷墟沿革》《甲骨年表》,陈寅恪的《大乘义章书后》《敦煌劫余录序》《敦煌本维摩诘经文殊师利问疾品演义跋》《几何原本满文译本跋》,罗常培的《扬选杞声韵同然集残稿跋》《戴东原续方言稿序》《敦煌写本守温韵学残卷跋》《泰兴何石闾韵史稿本跋》《白涤洲小传及著述提要》,朱希祖的《钞本甲乙事案跋》《劫灰录跋》,徐中舒的《宋拓石本历代钟鼎彝器款识法帖残叶跋》《宋拓石本历代钟鼎彝器款识法帖残叶再跋》《再述内阁大库档案之由来及其整理》,孟森的《重印朝鲜世宗实录地理志序》,李光涛的《内阁大库残余档案内洪承畴报销册序》,孙楷第

---

① 陈寅恪,《敦厚劫余录序》,《集刊》第一本第二分,1930年。

的《敦煌写本张淮深变文跋》。《集刊》用大量的篇幅来对新发现的材料进行研究与介绍,充分地反映了史料学派学人对新材料的重视与发掘。

这些文章主要是以对甲骨文、敦煌文献、明清档案的介绍为主。这些史料作为20世纪史学上的重大发现,对20世纪中国历史学的发展产生了重要的影响。《集刊》充分的刊载史语所同人在这方面的工作及成果,扩大了史料学派在这方面的影响,也促进了20世纪中国历史学研究的进步,使中国历史学的发展逐步融入世界史学发展的潮流中。正如当时有外国学者评价到:"中国现已有一班现代式学者兴起。这班人受过批评的历史研究的技术训练,他们和西方作同样工作者共同开始探究这庞大的档案,欲改写晚明及清代的政治史、社会史、经济史、学术史,以图适应新时代的趣味和标准。"[①]

《集刊》不仅刊载了有关介绍新材料的文章,同时也发表了许多利用新的材料来研究中国历史的论文。如对甲骨文的发掘及运用,有以傅斯年、徐中舒、董作宾为代表的史料派学人对殷周历史进行的考证,分别发表了傅斯年的《大东小东说》《论所谓"五等爵"》《姜原》《周东封与殷遗民》,徐中舒的《耒耜考》《殷人服象及象之南迁》《殷周文化之蠡测》《说尊彝》《殷周之际史迹之检讨》,董作宾的《骨文例》《殷商疑年》《五等爵在殷商》等著名的论著。从1928年史语所成立到1937年全面抗战爆发,史语所考古组在所长傅斯年的亲自领导下,先后由董作宾、李济主持,在河南安阳进行了十五次发掘。在殷墟发掘出了宫殿遗址和王陵,出土了大量甲骨以及铜器、陶器、石器和骨、蚌器,为古史研究提供了大量的新材料。《集刊》刊载史语所这方面的发掘和研究成果,这使得对甲骨学的研究突破了金石学时期,进入了历史考古研究的新时期。

又如对明清档案的整理与利用,明清档案为清朝内阁大库所藏档

---

① Cyrus H.peske 著,作民译:《中国近代史研究的资料》,《清华周刊》第39卷第11、12期,1933年5月。

案,包括明清两代诏令、奏章、则例、移会、贺表、三法司案卷、实录、殿试卷及各种文档。史语所同人非常重视这批档案,认为"此项档案(即原史料)在史学上极为珍贵,若不及时设法整理保存,随时均有湮灭散佚。"①史语所成立后不久,就花费巨资买下了这批档案,并对其进行整理,至1937年出版了《明清史料》(甲编、乙编、丙编)。通过对档案的整理,史语所同人也对明清史进行了研究,将其研究成果在《集刊》上予以发表,分别有傅斯年的《明成祖生母记疑》《跋"明成祖生母问题汇证"并答朱希祖先生》,孟森的《清史稿中建州卫考辨》《清始祖布库里雍顺之考订》《八旗制度考实》,李晋华的《明懿文太子生母考》《明成祖生母问题汇证》,陈受颐的《三百年前的建立孔教论》,徐中舒的《明初建州女真居地迁徙考》,黎光明的《明太祖遣僧使日本考》等论文。这些研究成果的发表带动了学界对明清史的研究,对其发展起到了巨大的作用,孟森还由此成为明清史方面的专家。

另外,对于敦煌文献的研究,以陈寅恪的成就最大。陈寅恪充分利用敦煌文献,在《集刊》发表了:《灵州宁夏榆林三城译名考》《吐蕃彝泰赞普名号年代考(蒙古源流研究之二)》《西游记玄奘弟子故事之演变》《彰所知论与蒙古源流(蒙古源流研究之三)》《蒙古源流作者世系考(蒙古源流研究之四)》《李唐氏族之推测》《李德裕贬死年月及归葬传说考辨》《李唐武周先世事迹杂》《府兵制前期史料试释》等论文,对隋唐史学研究产生了巨大的影响。

总的来看,《集刊》通过刊载史料派学人的研究成果,充分地展示了史料派学人的史学观念和研究取向,对于扩大其学术影响起到了非常重要的作用。

---

① 《国立中央研究院历史语言研究所十七年度报告》,欧阳哲生编:《傅斯年全集》第6卷,第59页。

三 《禹贡》半月刊与历史地理研究

《禹贡》半月刊的创办既有学术上的考虑,也是对当时社会现实的一种反映,与顾颉刚自身的学术兴趣和爱国情怀是密切相关的。因"古史辨"成名的顾颉刚在研究《尚书》中的《尧典》和《禹贡》的过程中,觉得《禹贡》的问题太多,几乎牵涉到中国古代全部地理。因此仅仅就《禹贡》本身作文字考证,许多问题难以解决,需对中国历史地理作深入的研究,才能将问题弄清楚。1932年顾颉刚在燕京、北大两校开设"中国古代地理沿革史",主讲《禹贡》。当时,刚从燕京大学研究院毕业的谭其骧在任职于北平图书馆的同时,亦在辅仁大学讲授"中国地理沿革史"。他们都感到研究中国地理沿革史的必要,认为当时"一般学历史的人,往往不知《禹贡》九州、汉十三部为何物,唐十道、宋十五路又是什么。这真是我们现代中国人的极端的耻辱!在这种现象之下,我们还配讲什么文化史、宗教史;又配讲什么经济史、社会史;更配讲什么唯心史观、唯物史观!",但"历史好比演剧,地理就是舞台;如果找不到舞台,哪里看得到戏剧!所以不明白地理的人,是无由了解历史的。"[①]而在当时他们所教授的学生有这方面好的论文,也缺乏出版的机会,不能互相的交流,因此需要有一个专门的期刊来刊载这方面的论文,以促进历史地理学的发展。

1931年日本公然发动"九一八事变",侵占我国东北三省。面对国难,顾颉刚深感内忧外患为中国有史以来所未有,到处看见的都是亡国灭种的现象。他认为学者如果有丝毫的同情心,就不能安居在研究室里。因此他一方面将在燕大、北大讲授的"中国上古史"课,改为"中国古代地理沿革史",以史地教育激发青年爱国热情;另一方面考虑成立

---

① "发刊词",《禹贡》,第一卷第一期,1934年。

一个以研究历史地理、边陲民族史、地方志为课题,以维护我国独立、领土完整、民族团结为宗旨的学术团体。

他极为悲愤的感慨:"试看我们的东邻蓄意侵略我们,造了'本部'一名来称呼我们的十八省,暗示我们边陲之地不是原有的;我们这群傻子居然承受了他们的麻醉,任何地理教科书上都这样的叫起来了。这不是我们的耻辱?"顾颉刚强烈希望唤起国人的主权意识,认清日本帝国主义的侵略本质。他认为"这数十年中,我们受帝国主义的压迫真受够了,因此,民族意识激发得非常高。在这种意识之下,大家都希望有一部中国通史出来,好看看我们民族的成分究竟怎样,到底有哪些地方是应当归我们的。"① 而作为历史学者,他更是以"书生报国之志",希望通过对历史地理学的研究来为此作出自己的贡献。

因此,1934年顾颉刚便与谭其骧商议,决定联合燕大、北大、辅仁三个学校的学生,出版一个刊物,并组织禹贡学会,以促进人们对中国历史地理研究的重视,《禹贡》半月刊也由此产生。将刊物命名为《禹贡》是因为"禹贡一篇于吾国地理书中居最早,其文罗列九州,于山川、土壤、物产、交通、民族诸端莫不系焉;今之所谓自然地理、经济地理者,毕于是乎见之。以彼时闭塞之社会而有此广大之认识,其文辞又有此严整之组织,实为吾民族史上不灭之光荣,今日一言'禹域',畴不思及华夏之不可侮与国土之不可裂者!以此自名,言简而意远。且论沿革地理之书,自《汉书·地理志》以来,莫不奉是篇以为不祧之祖,探源导流,同人之工作固当发轫于此尔。"②

《禹贡》半月刊创办的宗旨就是为了"谋以沿革地理之研究,俾补民族复兴之工作,俾尽书生报国之志"③。并且在《发刊词》中对研究中国古代地理作了具体的工作计划:一、从散漫而杂乱的故纸堆中整理出一

---

① "发刊词",《禹贡》,第一卷第一期,1934年。
② 顾颉刚:《禹贡学会募集基金启》,《禹贡》,第四卷第十期,1936年。
③ 《发刊词》,《禹贡》,第一卷第一期,1934年。

部可供一般史学者阅读的中国地理沿革史；二、用最新式的绘制方法，绘成若干种详备精确而又合用的地理沿革图；三、广事搜罗所有中国历史上的地名，一一加以考证，用以编成一部可用、够用，又精确而详备的中国历史地名辞典；四、详密整理历代地理志。从《禹贡》后来所刊载的论文来看，基本上贯彻了这一工作计划。不过后来，随着国内外形势的变化，外敌入侵，中国面临着被瓜分的危险，《禹贡》半月刊逐步将关注的重点转向了边疆地理和民族史，并出版了有关边疆地理沿革和边疆少数民族的多种专号[①]，将更多的注意力集中到加强对边疆地区和各少数民族历史的研究上。半月刊的栏目设置亦非常广泛，分别有：春秋以上地理及民族、战国至汉时期地理及民族、三国至唐时期地理及民族、宋元时期地理及民族、明清时期地理、边疆史地、内地各种族、中外交通、方志之学、地图编制法、地方小记、游记、书评、目录、传记、通论、杂类等多项内容。下面我们分门别类地对《禹贡》所刊载的内容作一番简单的介绍。

首先，关于中国地理沿革史的研究。刊载地理沿革史是顾颉刚等人创办《禹贡》半月刊的初衷，因此这一部分在整个半月刊中所刊载的比重最大，计249篇，占总载文章数约34％。其中先秦部分91篇，秦汉部分8篇，南北朝部分13篇，隋唐部分15篇，辽金元部分34篇，明清部分51篇。另外，在7卷6、7合期还专门出版了《古代地理专号》。其中较有代表性的文章有顾颉刚的《有仍国考》、冯家升的《洪水传说之推测》、史念海的《秦县考》、杨向奎的《自战国至汉末中国户口之增减》、谭其骧的《论两汉西晋户口》、黄席群的《晋初郡县户数表》、俞大纲的《北魏六镇考》、谷霁光的《北魏六镇的名称和地域》、邓嗣禹的《唐代矿务产地表》、张昆河的《隋运河考》、日本学者大谷胜真撰、周一良译的

[①] 自1936年夏，《禹贡》半月刊接连出版了西北、回教与回族、东北、南洋、康藏、察绥等专号。条件许可的话，学会还组织人员进行实地考察，如组织调查团考察绥远，并出版了《后套水利调查专号》。

《安西四镇之建置及其异同》、余瑛的《宋代儒者地理分布的统计》、日本学者羽田亨撰、冯家升译的《西辽建国始末及其纪年》、谭其骧的《元福建行省建置沿革考》、李溦芳的《明代边墙沿革考略》、余贻泽的《清代之土司制度》等等。就总体而言，《禹贡》半月刊刊载有关地理沿革史的文章大多还是以考订校补和辑录为主，是对清代地理沿革史工作的进一步推进，但也不乏对地理沿革的特征的总结和分析，为推动地理沿革史向历史地理学的转变作出了应有的贡献。

其次，关于边疆史地和民族史的研究。这一部分内容在《禹贡》创刊初期并不受到重视，是随着顾颉刚希望"借此以激起海内外同胞爱国之热忱，使于吾国疆域之演变有所认识，而坚持其爱护国土之意向"，才逐步受到关注，成为刊载的重点内容。除散见在各卷的有关文章外，从第5卷开始，分别陆续发表了西北、回教与回族、康藏和察绥等专号。如第6卷第3、4期合刊的《东北研究专号》，刊登了金毓黼的《辽海丛书总目提要》，受到较大的关注。又如《禹贡》在发表多篇关于西藏问题的文章后，又出版了7卷第11期《康藏专号》，登载吴丰培《清季达赖喇嘛出亡始末》、段克兴《旅藏八年之感观》等10余篇文章。关于民族问题，发表了冯家升《述肃慎系之民族》《匈奴民族及其文化》、马培棠《三代民族东迁考略》、蒙文通《中国古代民族迁徙考》等文，同时又出版了一期回教与回族专号。边疆民族问题是相互关联的，《禹贡》通过大量刊登这方面的文章并且发表专号，是想由此唤起国人的民族认同感和危机感，正如第7卷1、2、3合期中的《纪念辞》所说："我们要把我们的祖先冒着千辛万苦而结合的中华民族的经过探索出来，使国内各个种族领会得大家可合而不可离的历史背景和时代使命，彼此休戚相关，交互尊重，共同提携，团结为一个最坚强的民族。"

第三，有关历史地图的研究和绘制。刊载有刘纵一《关于绘制中国历史地图之我见》、吴志顺《编纂甲种地图底本的起因及应用图料之报告》、王以中《山海经图与职贡图》、王庸《桂萼的舆地指掌图和李默的天下舆地图》等。同时刊内还附有他们在编绘精确的地图底本上所印行的不同缩尺、不同色彩的最新分幅地图，这些地图"用经纬分幅，使各幅可分可合，须大须小，得随用者之意；每幅皆分印浅红、浅绿及黑板套色3种，使用者可以按各自欲加绘之色而采购。凡购红绿单色图者，如更购黑板套色图以作对照，便可一目了然"。根据文章的不同内容绘制和插附的地图包括有疆域与区划、山川、民族、人口、物产、交通等。另外，编者们还根据地图的不同比例将图分成甲、乙、丙三种，其中甲种为1/2000000，已完成21幅；乙种为1/5000000，已完成6幅，丙种为1/10000000，已完成2幅。这些不同的分幅地图线条清晰，内容详备，即使据图分析，也能得出明确的结论。正如编者所言："要把我们研究的结果，用最新式的绘制法，绘成若干种详备精确而又合用的地理沿革图"。他们不仅对编绘历史地图的有关问题展开讨论，同时也注意广泛吸收学术信息，对一些国内外出版的重要历史地图册一一阅览，进行评价，并注重采纳其先进的方法和手段，以求不断的充实和更新。

第四，有关方志学的研究。《禹贡》将方志学列为重点研究课题之一，先后发表李泰芬、朱士嘉、张国淦、瞿宣颖、傅振伦、张其昀等人研究方志学的多篇论文和河北通志馆等编纂新方志的经验体会。1935年《禹贡》开始长篇连载张国淦的《中国地方志考》。顾颉刚并为之写了按语，对此作了高度评价。"蒲圻张石公先生研治地理之学，发愤忘食，盖数十年如一朝，收集方舆图籍之富，甲于旧都诸藏书家，遍求各省、府、县古今志书而读之，并辑集其佚著之散见于群籍者，以及序跋评论之属。一字之涉，咸所不遗，作《中国地方志考》数百卷，与宜都杨惺吴（守敬）先生之《历代舆地图》，可谓泰、华并峙者矣。"

除上述之外，半月刊载文中还有一些篇幅是关于中外文化交流方面的内容，诸如百濑弘撰、刘选民译的《日人研究满洲近世史之动向》、张美翊撰写的系列作品《巫来由部落志》《苏门答剌岛志》《婆罗洲志》《檀香山群岛志》《澳大利亚洲志》等；王重民的《马可波罗故居巡礼记》、王日蔚翻译的《中世纪西方史者关于维吾尔之研究》等等。同时，还专门出版了《利玛窦地图专号》和《南洋研究专号》。另外，半月刊还载有一些游记、笔记、地理书目辑录和地理论著索引、国内地理界消息、会员通讯录等，这些一方面丰富了《禹贡》刊载的内容，也有利于学人之间的交流与沟通。

《禹贡》半月刊从创刊初期发行500册到后来发行1500册，由开始时期多方求稿，到后来因稿件积压而选择刊登具有较高学术水平的文章，其影响力不断扩大[1]。其所属的禹贡学会也因此发展壮大，会员到后期增至400多人，逐步形成了"禹贡学派"。顾颉刚在《禹贡》三周年纪念号中作《纪念辞》，欣慰地提到："我们这个团体虽到今只有短短的历史，然而各方面的人才已渐渐合拢来了：起先只有数十个大学师生在图书馆里钻研旧籍，现在呢，好许多专家带了他们的实际调查到我们这里来了。"[2]应该说，《禹贡》半月刊的创办和禹贡学会的成立促成了"禹贡学派"的形成，在史学界形成了一股历史地理研究的热潮，不仅对中国历史地理学研究作出了重要的贡献，同时也激发了国人的爱国热忱。刘起釪指出《禹贡》半月刊的贡献主要有三个方面：一、由《尚书·禹贡》的研究，延伸为历史地理的研究，为我国开始建立历史地理学这一门新学科，培养了整整一代的我国第一批历史地理人才；二、倡导了边疆学的研究，使国人注意到了这一严重问题，不少人继起从事此项研究，至少使人注意到研究边疆的重要性；三、提出了民族历史和民族现状的研

---

[1] 王毓铨说："试看《禹贡》出了不久，接着就出现了《食货》，并且最近还有什么《史学月报》要发刊。凡此都是组织史学研究者之最好的形式，促进研究工作的最有力工具。但推原其本，能不说是自《禹贡》始？"(《通讯一束·王毓铨来信》,《禹贡》(半月刊),1936年，第4卷第10期)这里，王毓铨指出了《禹贡》及其禹贡学会作为一个新的学术组织形式对学术发展的作用，这一组织形式虽然不能如王毓铨所说是自《禹贡》始（在20世纪20年代北京高师、南京高师等创办史地研究会，同时也出版了《史地丛刊》、《史地学报》等刊物），但也确实反映出了《禹贡》所产生的影响。

[2] 《纪念辞》，《禹贡》"三周年纪念号"，第七卷第一、二、三期合刊，1937年。

究,这是以前所难有的,为我国今后兴起的民族研究作了先导。① 直到20世纪80年代白寿彝在总结顾颉刚的学术成就时,还提到了顾颉刚在历史地理学研究方面的贡献②,这说明《禹贡》半月刊在推动我国历史地理研究方面的影响是毋庸置疑的。

四 《食货》半月刊与社会经济史研究

中国社会经济史研究兴起于20世纪20年代末30年代初,直接导因于其时兴起的社会史论战③。而当时参与社会史论战的人大多都陷入空疏的理论争论甚至相互漫骂,"大部分只是革命的宣传家,而缺少真正的学者"④。"有不少文章只是为了参加热闹的论战而写,实际上没有对社会经济史的发展过程作深入的钻研,因而没有什么学术价值可言"⑤。这些带有政论性质的争论逐步偏离了正常的学术论战的范畴,针对这一情况,作为社会史论战发起人的陶希圣力图从中国历史实际出发对中国社会性质等问题作出有力的回答。因此,在顾颉刚的提

---

① 刘起釪:《顾颉刚先生学述》,北京:中华书局,1987年。
② 白寿彝评价顾颉刚:"在古史研究上有卓越的成就,在历史地理和边疆地理的研究上有新的发展。他对民俗学和通俗读物,都是热心的提倡者。"(白寿彝:《悼念顾颉刚先生》,1981年2月19日《人民日报》。)
③ 一般来说,学界所谓的中国社会史论战有广义和狭义之分,广义上指20世纪20年代末到30年代初的中国社会性质和社会史的论战,1934年到1935年的中国农村社会性质的论战;狭义上指以《读书杂志》为主要阵地的中国社会史论战。另外,在30年代的中国,"经济社会史""社会经济史""社会史""经济史"等名词的含义是相同和相近的,皆指与社会有机体联系在一起的经济发展史或指以经济为主体的社会史,它们可以相互替换使用(参见:李根蟠:《唯物史观与中国经济史学的形成》,《河北学刊》第22卷3期,2002年5月),本文所用"社会经济史"这一概念涵义与此相同。
④ 顾颉刚:《当代中国史学》,上海:上海古籍出版社,2002年,第97页。
⑤ 杨宽:《历史激流中的动荡和曲折——杨宽自传》,台北:时报文化出版企业有限公司,1993年,第62页。

议下,陶希圣决定创办《食货》杂志①。1934年12月1日,《食货》以北京大学法学院名义创办,由上海新生命书局发行②。

《食货》创刊的宗旨,陶希圣有过清楚的表达,即为将中国社会经济史引入切实的研究,陶希圣说:"这个半月刊出版的意思,在集合正在研究中国经济社会史尤其是正在搜集这种史料的人,把他们的心得、见解方法,以及随手所得的问题、材料披露出来。大家可以相互指点,切实讨论,并且进一步可以分工进行。这个半月刊用意是这样,并不像过去所谓'中国社会史论战'那样激昂,那样的趋时。"

在《食货》创刊号上,陶希圣在《编辑的话》中对如何进行中国社会经济史研究提出了自己的观点:

一、史学虽不是史料的单纯的排列,史学却离不开史料。他认为理论虽不是史料的单纯排列可以产生,理论并不是仅原形一摆,就算成功了的。方法虽不是单纯的把材料排列,方法却不能离开史料独立地发挥功用的。有些史料,非预先有正确的理论和方法,不能认识,不能评定,不能活用;也有些理论和方法,非先得充分的史料,不能证实,不能精致,甚至于不能产生。中国社会史的理论争斗,总算热闹过了。但是如不经一番史料的搜求,特殊问题的提出和解决,局部历史的大翻修、大改造,那进一步的理论争斗断断是不能出现的。

二、搜集史料是不能急、不能讨巧的工作。陶希圣说:"我们现在没有大研究室或记录室,只有一点一滴去集累。但是个人的集累,终究是没有成就的一天。几年以前,就有不少的人感觉到大家分工合作的必要。不过,一说到合作,先有一个障碍,你我先问一问:'方法不同,怎能合作?'三两个人就有三两个方法,互相的不同,所以三两个人也就没有

---

① 陶希圣曾说:"本刊第一个热烈的发起人是顾颉刚先生,'食货'这个名称便是他提出的,他认为社会的基础和历史的动力是经济,他又曾提出一个名称叫做'史心',后来'食货'便被采用了。"见《食货》第1卷第2期《搜读地方志的提议》。

② 1934年所创办的《食货》为半月刊,至1937年7月停刊。1971年,陶希圣在台北将《食货》复刊,并改为月刊。本文《食货》皆指《食货》半月刊。

合作了。如今细想一想：为什么方法不同便不能合作呢？原来，当时所谓'方法'的，不是方法，乃是结论。当时的风气是把方法当结论的。各人既有了结论在心里，只有向书籍里去找印证，不必广搜材料。个人的结论既不同，当然，个人所想找的东西便不同，那（哪）能合作，更说不上分工。"

三、把方法当结论，不独不是正确的结论，并且不是正确的方法。陶希圣反对不顾中国历史实际，完全照搬西方社会经济史理论，认为这种做法不过是外国社会史拿来代替中国社会史罢了。说了多少话，写了千万字，一点与中国社会史没有关系。正确的方法是能够把握中国历史上社会现象的内部关系的方法。中国历史上的社会现象并没有明显地、整齐地摆在陈列室里面，这需大家去搜求。所以，论战，要把历史上社会现象找好了，才能打得畅快，打得于中国社会史学有裨益。不然，那只有乱打一番。还有，你既有了结论，又何必再研究呢？

四、不反对先有结论，再去找印证，但是这种方法存在一定危险。关于这种危险，他作了一个形象的比喻，他说："我现在还没有看见过的花，却要铺开纸，拿出笔来描写，这就是危险。"

五、要先有疑问，反对完全就史料论史料。他说："那自称没有成见的史学家，真没有成见吗？没有的事。他已有很强的成见，不能拒绝别人的成见。便令没有任何的意见在心里，你去哪儿找那个材料去？人家说地是不动的，你去找了半天，不也只有说地是不动的吗？人家说红毛国以外没有外国，你去弄了一晌，不也只有说红毛国以外没有外国吗？你总得有了疑问，有了假设，你才会找证据的，你才能够找着别人没有说出的证据。"①

上述观点，可以说是以陶希圣为代表的食货学人所持的史学研究方法论，也是关于史学研究的一篇很有代表性的理论文章。他们既反

---

① 上述引文皆引自陶希圣：《编辑的话》，《食货》，第一卷第一期，1934年。

对空疏的理论,也反对就史料而论史料,主张材料与方法的结合,用材料来说明问题,以方法来指导研究。为中国社会经济史研究开辟了新的道路,是陶希圣等人对社会史论战反思的结果。

对于《食货》刊登论文的标准,陶希圣给予了明确的定位,他说:"这个半月刊要集合,要欢迎在切实的方法之下搜集的材料。只要有相当的材料,足够提出一个问题来,或足够说明一个项目,便可刊登。对于成熟的系统的论文,固然万分的喜悦,便是一个断片,一段落,都可以收罗。"①《食货》从1934年12月1日创刊到1937年7月停刊,共出版61期,吸引了全国各地150多位学者,发表了大小论文300余篇。《食货》开始每期只印行两千份,但《创刊号》发行后一星期,便被迫又再版一千份,到第1卷第五、六期,印行数已达四千份②。由上海大厦大学创办的《史地社会论文摘要月刊》,从《食货》创刊之日起对其刊载的论文几乎每篇都进行摘要,"《食货》在大厦为最风行的读物"③。

《食货》的创办对中国社会经济史的研究产生了很大影响,一般认为,30年代初期,国内史学界从事中国经济社会史研究的主要有四股力量。除《食货》外,一为以郭沫若、吕振羽为代表的一批马克思主义的学者;一为当时中央研究院社会科学研究所以及和他们有密切联系的一批学者;一为在中山大学《现代史学》杂志撰稿的一批学者④。应该说这四股力量对20世纪30年代中国社会经济史研究都作出了一定的贡献,而《食货》在其中扮演的角色尤为重要,于1949年总结新史学发展史的齐思和也说:陶希圣"对于西洋封建制度并未给一个彻底的解说,因之对于中国封建制度的解说也稍失之于空泛笼统。到了后来,陶先生大概感觉这问题太广大,应从专题研究入手。又作了《西汉经济

---

① 陶希圣:《编辑的话》,《食货》,第一卷第一期,1934年。
② 陶希圣:《编辑的话》,《食货》,第三卷第一期,1935年。
③ 梁园东:《中国经济史研究方法之诸问题》,《食货》,第二卷第二期,1935年。
④ 参见李根蟠:《唯物史观与中国经济史学的形成》,《河北学刊》,第22卷3期,2002年5月。

史》《辩士与游侠》等书,而他所主编的《食货半月刊》更是一个最著名的社会经济史杂志"①。余英时亦以为:"三十年代,中国史学界诸流竞起,但以学术文化的中心北平而言,与西方'科学的史学'相汇合的考证学仍然居于主流的地位,其次则《食货》派的社会经济史学也很快激起了波澜。"②可以这样认为,《食货》不仅在社会经济史界占据了突出地位,同时在整个史学界占据了一定的地位。

《食货》的创办极具史学意义,在这方面已有学者作出了有益的探索,指出《食货》创办的史学意义在于:明确打出"社会史专攻"的旗帜,对于中国社会经济史研究的开展,起到了拓荒与奠基的作用,在中国史学融入世界史学新潮的历程中,起到了推进的作用。《食货》的成功,得益于陶希圣在会通史料与理论之研究理路上的探索③。应该说这一观点很好地指出了《食货》在近代中国史学史上的意蕴。以下我们从两个方面略作补充说明:

首先,《食货》的创办将以"社会史论战"为主要形式的社会经济史争论引向了切实的研究,成为中国第一个专门的社会经济史刊物。如前所述,当时的社会史论战陷入空泛的理论争斗中,等而下之者,甚至相互谩骂。总体来说,缺乏就中国历史实际来讨论研究中国社会问题的意识,"这时期的中国社会史研究者最大的毛病,在乎只知瞎引外国的方法与结论,而并不顾及本国历史上的真正的史料"④,而作为这次论战的发起人的陶希圣对此有着较为清醒的认识,他说"这门学问的研究,第一步止是中国史的社会学的解释;第二步是中国社会史内容的充

---

① 齐思和:《近百年来中国史学的发展》,《燕京社会科学》,1949年第10期。
② 余英时:《犹记风吹水上鳞——钱穆与现代中国学术》,台北:三民书局股份有限公司,1991年,第174页。
③ 参见向燕南、尹静:《中国社会经济史研究的拓荒与奠基——陶希圣创办〈食货〉的史学意义》,《北京师范大学学报》,2005年第3期。
④ 杜若遗:《介绍〈食货〉半月刊》,《文化建设》第1卷第4期,1935年1月。

实。如今走到第二步的时候,我们觉得社会经济史料的收集,是主要的工作。"①而《食货》的创办正是应此而来,正如陶希圣后来自己所说:"民国二十四年(应为民国二十三年)至二十六年,我主编《食货半月刊》,要把这个研究,从政争扭转到史学"②《〈食货半月刊〉宣言》明确宣告:"不漫骂,更绝对不做政论"③《食货》刊行后期,政局动荡,人心浮动,学术环境每况愈下,陶希圣又重申不作政论,坚持学术研究的原则:"我们再向社会里声明一句话:本刊是专门研究中国社会经济史的刊物。本刊的范围,只限于纯粹的中国社会经济史的论文,更注重史料的收集。所谓社会经济史者,就是历代的农业、工业、商业、财政、币制这一类的记载。所谓历代,就是上古、殷、周、秦、汉、魏、晋、南北朝、隋、唐、五代、宋、辽、金、元、明、清。本刊虽也载民国以来的经济史,但截至本期为止,还没有实际发表过近二十五年的论文。实际发表的,都是百年以前的史实。无论怎样的推敲,总与现实的政治没有多大条(关)联。本刊是没有理由与别的政治宣传品一样的看待的。主编者及投稿人虽不免在别的出版物上发表政论,但是本刊并不刊载任何政论。"④从《食货》所刊载的 300 余篇文章来看,也如实地遵循了这一原则,除了少数的翻译国外社会经济史理论和作为社会史讨论余绪的文章外,绝大多数是研究具体社会经济史的文章,其中最多的是关于社会身份、人口、家族、土地制度和田赋租税等方面的研究,其次是关于农业、货币、市场、都市、贸易、寺院经济等内容,此外还包括一些关于妇女、婚姻等方面的内容。

其次,在史学研究的方法论上,将历史研究从传统考据的研究模式以及以史学理论为主导的宏大历史叙事研究模式中摆脱出来,既不受

---

① 《〈食货半月刊〉宣言》,《北平晨报·社会研究周刊》,1934 年 11 月 14 日。
② 陶希圣:《社会史讨论会献言》,《第一届历史与社会变迁(中国社会史)研讨会》上册,台北:"中央研究院"三民主义研究所,1982 年,第 4 页。
③ 《〈食货半月刊〉宣言》,《北平晨报·社会研究周刊》,1934 年 11 月 14 日。
④ 陶希圣:《编辑的话》,《食货》第 4 卷第 2 期,1936 年。

烦琐考据的约束,亦不陷入纯理论的解释,而是采取中层的研究,将材料与方法有机地结合起来。应该说,20世纪二三十年代随着新史学的传播以及马克思主义唯物史观的影响不断扩大,对历史的研究范围及解释功能都得到了一定程度的加强,而要将这些认识具体融入到史学实践过程中,则又存在着一定的距离,向燕南认为这表现为"一方面在观念上承认史学研究的范围应该包括社会史经济史等丰富内容,一方面则在具体的研究实践方面并不予以注意。"[①]而在当时史学界确实存在理论认识与具体实践研究的差距或矛盾,在20世纪30年代所谓"京派"与"海派"之争在本质上是这一矛盾的反映。因其时胡适倡导的整理国故运动和顾颉刚兴起的古史辨运动在北京学界的风行,"到20世纪30年代,北平的学术界里充满着'非考据不足以言学术的空气'"[②],主张"为学术而学术",强调"整理国故只是研究历史而已,只是为学术而做工作,所谓实事求是是也,从无发扬民族精神感情的作用"[③]。而以上海为中心兴起的社会史论战,其关注的问题的出发点则是中国革命和中国社会现实问题,是为了"解决个人、全社会、全世界的动向的问题"[④]。因此,社会史论战成为"一个京朝派文学和史学的名家不愿出口甚至不愿入耳的问题"[⑤],而热心社会史论战者则批评醉心于国故整理运动的人,"常恨现在国内的学者,能够精通中国史者乃没有科学的知识,反之,有科学的知识,对于中国的历史又是门外汉。因此之故,遂致国学家只能在故纸堆中,作蠹鱼的乱钻,钻来钻去,结果不过满腹文

---

① 向燕南、尹静:《中国社会经济史研究的拓荒与奠基——陶希圣创办〈食货〉的史学意义》,《北京师范大学学报》,2005年第3期。
② 顾颉刚:《〈古史辨〉第四册书评》,《读书》杂志,第二卷第七号,1933年。
③ 胡适:《胡适致胡朴安》,中国社会科学院近代史研究所中华民国史研究室编,《胡适往来书信选(上)》,香港:中华书局香港分局,1983年,第499页。
④ 王礼锡:《中国社会史论战序幕》,王礼锡、陆晶清编辑,《中国社会史的论战(第1辑)》,上海书店出版社。
⑤ 陶希圣:《潮流与点滴》,传记文学出版社,1979年,第129页。

字,对于历史不能有正确的见解。"①《食货》的创刊应该说是在史学方法论上对这一矛盾试图进行调解的结果,主张将历史的理论认识与具体实践研究相结合,既重视理论的指导,同时也注意材料的收集,方法理论与材料并重,如陶希圣所言:"有些史料,非预先有正确的理论和方法,不能认识,不能评定,不能活用;也有些理论和方法,非先得充分的史料,不能证实,不能精致,甚至于不能产生。"②这一主张无疑对历史学的研究会产生一定的影响,形成既不同于考据学亦不同于纯理论争辩的学风,一方面加强了历史学的解释功能,另一方面对史料的收集和扩充也起到了重要的作用,陶希圣说"主编《食货半月刊》,讲求方法,同时注重资料,必须从资料中再生产之方法,才是正确的方法。《食货半月刊》出版两年半,自成一种学风。"③似不为过。

---

① 《中国社会阶级之史的分析》编者附识,《新生命》,1929年,第2卷第8号。
② 陶希圣:《编辑的话》,《食货》第3卷第1期,1935年12月。
③ 陶希圣:《夏虫语冰录》,台北:法令月刊社,1980年,第344页。

第五章　史学期刊与史学研究公共领域

一　史学研究公共领域的确立

哈贝马斯关于公共领域理论是以18世纪欧洲历史发展为背景进行的理论概括。这一理论的前提是,在欧洲封建社会的近代化过程中,一种可称之为私人要素与公共要素的两极分化过程也随之展开,分化出代表公共权威的国家和与之相对立的私人领域的市民社会,国家与社会产生分离,使得公共领域和私人领域区别开来。按照哈贝马斯的理解:首先,公共领域在本质上属于私人领域,"因为它是由私人组成的公共领域。所以,对于私人所有的天地,我们可以区分出私人领域和公共领域。"[1]其次,公共领域是介于国家和社会之间并对二者进行调解的领域,它位于狭义的市民社会亦即商品交换和社会劳动领域(家庭以及其中的私生活也包括在其中)与国家亦即公共权力机关之间;第三,公共领域分为文学公共领域和政治公共领域。前者指涉文学、哲学、历史文化等一般意识形态的公共讨论,后者指涉与国家活动相关的公共讨论。政治公共领域是从文学公共领域中产生出来的,它以公众舆论为媒介对国家和社会的需求加以调节[2]。

在运用这一理论来讨论中国近代史学期刊之前,我们首先必须明确近代中国社会是否具备了如18世纪欧洲国家与社会相分离的条件,

---

[1]　哈贝马斯:《公共领域的结构转型》,曹卫东译,上海:学林出版社,1999年,第35页。
[2]　哈贝马斯:《公共领域的结构转型》,曹卫东译,上海:学林出版社,1999年,第35页。

是否具备了公共领域产生的可能性？其次，公共领域本质上作为一种公共舆论在近代中国是否具备了发展的可能性，如果具备，其途径又是如何？

　　清末民初中国社会是否出现了国家和社会的分离？学界还存在一定的争议，但有一点可以肯定的是，清末民初国家对社会的控制力减弱，社会的自我调节和自控性得到了加强。我们可以从其时资本主义若干经济要素的发展来对此有所了解。首先，从资本主义工业发展来看，第二次鸦片战争和太平天国运动后，中国官办军事和民用工业开始起步。1895年以后，外资不断涌入，纷纷在中国建立工厂。此后，虽经政府改制与军阀混战的影响，但中国早期资本主义工业还是得到了相当程度的发展[1]。其次，市场因为铁路交通的发展而迅速扩大，1905年至1922年，修成铁路共一万余里，将上海、天津、北京、广州、南京等东部主要城市连为一体。第三，信息流通方式得到改变和发展。至1922年，全国共有邮政局所一万多处，计有火车邮路两万余里，轮船邮路三万余里，民船邮路四万余里，邮差邮路六十万余里。同时，电报和电话事业也有所发展。第四，金融业也得到了一定的发展，从1896年到1911年，累计成立银行17家，在上海等地还出现了以股票交易为主的各种交易所和信托公司。资本主义工商业的发展，促使社会新的阶层——资产者及其相关群体开始出现，这一群体内虽然也存在着尖锐的矛盾，而且脱胎于旧的专制体制之内，与以往专制社会有着千丝万缕的联系，但整体上与旧的专制体制是根本对立的。从理论上来说，他们

---

[1] 据统计，1903年以前全国共有工厂12415家，1912年为24765家，十年间增加近一倍；虽然1916年这个数字降为16957家，但还是远高于1903年以前的总数；此外，截止1909年注册工厂的总数为475家，而到1910年注册公司总数则为1167家。地域方面，则以江苏为最多，占注册工厂总数的1/3以上，其次为直隶、浙江、广东和山东。资本方面，1919年的总额约为14740万元，其中棉纺工业为4612,8000元，占总数的近1/3，其次为铁、电及面粉。参阅1922年《申报》馆编：《最近之五十年·五十年来之中国·五十年来中国之工业》，上海：上海书店影印版，1987年。

更多不是依靠对政府的权力寻租来获取权利,而是依靠资本运作规律来实现。随着这个群体的不断扩大发展,必然带来对政治权利的诉求。封建国家虽然也力图控制这股新型势力,然而在近代中国外患与内乱的现实条件下,这种控制显然缺乏力度。

总的来看,清末太平天国运动使得国家控制力弱化而地方绅士集团对地方事务的控制力得到加强,同时洋务运动兴办资本主义工商业,市民阶层的数量逐步扩大,农民和土地的依附关系也开始减弱,许多知识分子更是游离于政府权力体制之外,这些都使得封建国家和社会之间出现了权力的真空,为近代中国公共领域的产生提供了可能的条件。

至于公共舆论在近代中国发展的可能性及其途径问题,陈梅龙、苏冲《近代中国公共领域初探》[①]一文在这方面作了有益的探索。他们认为应该从中国具体的历史实际出发来研究中国近代的公共领域问题,指出公众舆论古已有之,"儒家的民本主义思想很好的解释了'民心',其主题是:政治权力是否合法,以民心的向背为决定性条件,原始信仰中的'天命',只能和'民心'相适应,为人民所支持的人方能成为天子。皇帝最终能否代表'天意'或'民心',则取决于知识人士——士大夫的社会舆论,士大夫的社会舆论在一定程度上代表了人民的意志,即'民心'。中国历代士大夫都努力在皇朝的体制内外,建立自己的舆论中心。从东汉的太学到明末的东林书院,都可以看作是用古代的公共领域。不过受到皇权的限制和影响,它不可能有自己真正独立的理论体系和思想。"进而指出黄宗羲是"中国历史上提出公共领域思想的第一人"。文章认为近代中国公共领域并非舶来品,既有本土的历史缘由,又有时代的要求,其类型分为学会、报纸、学校、集会和会馆、公所、商会等两类,各有不同的特征,他们对近代中国的社会政治、思想文化及经济变迁均产生了深远的影响。

---

① 陈梅龙、苏冲:《近代中国公共领域初探》,《学术论坛》,2005年第11期。

我们同意该文所作的分析,中国古代社会存在着公众舆论,但这种公众舆论是否具有其社会基础,能否长期存在,我们则持怀疑态度。就"天意""民心"本身而言,是否代表真正意义上的公共舆论暂且不论,古代士大夫的言论,更多地属于私人领域的范畴,封建国家不允许也不可能出现独立于政府体制之外的公共舆论。但文章指出近代中国公共领域的形成既有本土的历史缘由,又有时代的需要,是符合历史实际的。总的来说,中国近代社会在转型过程中需要拥有调解或者批判政府与社会之间关系的公共领域的存在,同时外来环境的诱导也促成了这一公共领域的形成。其途径如上文所述,分别以学会、报纸、学校、集会和会馆、公所、商会等形式来实现。

但是需要指出的是,近代中国政治公共领域的产生并非派生于文学公共领域之中,二者是协同发展的关系,这与近代中国内忧外患的社会现实相关。

具体就史学研究公共领域来讲,本身属于哈贝马斯所谓的"文学公共领域",然而其确立也有其自身的特点[①]。中国古代就有"学问乃天下之公器"的观念,白虎通议、鹅湖之会被人传为佳话,但由于受到各方面因素的制约,并没有真正形成近代意义上所谓的"公共领域"。要形成一定的公共领域,除了有较为宽松的社会制度环境保障外,学者自身思想观念的转变及拥有一定数量的交流平台也是不可或缺的两个重要因素。中国传统史学中官方修史制度是史学研究话语权被国家掌控的最直接证据。如果我们按照哈贝马斯关于公共领域的理解,封建国家自身并不属于公共领域的范畴,国家修史乃帝王家事。显然在这种情况下,缺乏形成公共的话语权的条件,史学研究的公共领域自然难以形成。中国近代社会的转型促使了国家与私人之间的权力真空开始出

---

① 这里所谓史学研究的公共领域,是相对于传统社会专制史学而言,指的是史学工作者以较为开放自由的方式来从事史学研究,通过书刊等相关媒介,将其研究成果公之于众,以学术研究发展自身为目的较为理性的参与学术研究与论争。

现,使得学术研究由私向公的方向转变成为了可能。具体来说,史学研究公共领域的确立与近代中国报刊业的发展、近代学术机构和学社团体的兴起及知识分子人身依附关系的变化直接相关。这里,我们因本书论题所限,仅就报刊业的发展与史学研究公共领域的确立的相互关系作出考察。从近代报刊在中国产生之日起,有关史学类文章不断在报刊中刊载,从早期传教士所创办的报刊到戊戌时期维新派所创办的报刊再到辛亥革命时期革命团体创办的报刊,史学类文章作为社会文化的重要组成部分就开始通过这些报刊对社会生活产生一定的影响,并且影响到了近代史学的发展方向。

中国报刊业的发展起步较晚。虽然从唐朝开始就有邸报之类的读物,但其发行基本上限于封建官僚集团内部,读者以分封各地的皇族和各级政府官吏为主,一般民众接触不到邸报。近代伴随着西方传教士的东来,真正意义上面向大众的报刊开始产生,中国最早的报刊也是由西方传教士创办的,这些早期的报刊主要以宣传介绍为主,很少刊登具有学术研究性的文章。从1815年到19世纪末期,外国人在中国创办了近200种报刊,占当时我国报刊总数的80%以上。其中传教士创办的中文报刊就有76家[①]。这些传教士所创办的刊物虽然带有一定文化殖民的成分,但为了迎合中国人的口味,加强中国人对西方世界的了解,也多刊载一些介绍西方历史科技文化的文章。如19世纪中叶以

[①] 方汉奇:《中国近代报刊史》,太原:山西教育出版社,1981年,第10、19页。

后,《六合丛谈》①、《格致汇编》②、《万国公报》③、《中西教会报》④等刊物,就开始刊载少量有关西方历史的文章⑤。这些文章的作者大多为外国传教士,而且数量相对较少,但对于推动近代中国史学在报刊领域的发展起到了一定的作用。至维新运动时期,中国人自办报刊开始有了较大的发展,据不完全统计,从1895年到1898年,全国出版的中文报刊有120种左右,其中约80%是中国人自办的⑥。维新派所创办的《时务报》《知新报》《湘学新报》《湘学报》《农学报》《译书公会报》《渝报》

---

① 《六合丛谈》,1857年1月26日在上海创刊,为上海第一家传教士报刊,同时也是上海第一家中文报刊,主编为英国伦敦传教士亚历山大·伟烈亚历(Alexander Wylie),由英国伦敦会传教士麦都思在上海创办的墨海书馆印刷出版,每月出版一册。

② 《格致汇编》,(Chinese Scientific Magazine)1876年2月创刊,在上海出版,初为月刊,第五年起改为季刊。由英国人傅兰雅(John Fryer)编辑,格致书室发售。为北京出版的《中西见闻录》的继续,停刊时间未详。

③ 《万国公报》,1895年8月17日创刊,在北京出版。原刊未署出版日期,似为两日刊。系康有为所创办,为维新运动最早的宣传刊物,《中外纪闻》的前身。

④ 《中西教会报》,(Missionary Review),1891年2月创刊,在上海出版,月刊。美国人林乐知(Yong J.Allen)主编。1893年12月停刊,共出35册。1895年1月复刊,册次重起,先后由美国人卫理(E.T.Williams),英国人高葆真(W.A.Cornaby)等主编。至1912年1月从第234册起,改名《教会公报》,1917年2月停刊,共出292册。

⑤ 《六合丛谈》刊载了一些介绍古希腊、罗马历史人物的传记,如《海外异人传:凯撒》(韦廉臣,第二号1875年2月26日)、《基改罗传》(艾约瑟,第八号,1875年8月20日)、《荷马传》、《士居提代传》(艾约瑟,第十二号,1875年12月16日);《格致汇编》刊载了《英国新史略》(艾约瑟,第二年第八卷,1877年9月)、《俄国志略》(鹭江寄迹人译纂,第三年第五、六、七、八卷连载,1880年6、7、8、9月)、《俄国边界图并中俄条约说》(第三年第八卷,1881年1月)、《英法俄德四国志略》(第七年第三卷,1892年秋季)等文章;《万国公报》对《泰西新史揽要》、《万国通史》进行了介绍,先后发表三篇序言(第七十五册、第七十六册、第一百三十四册,1895年4、5月,1900年3月),并刊载了有关日本史的论文《论日本振兴之历史》第二百零九册,1906年6月;《论基督教在日本之历史》第二百零九册,1906年6月);《中西教会报》更是对古希腊、罗马、埃及、印度、巴比伦、高丽等历史作了不同程度的介绍,如《印度史揽要序》(第八十册,1902年4月)、《埃及国千年来史实考》(第八十五、九十册,1902年9月、1903年2月)、《论罗马国》(第九十册,1903年2月)、《论希腊国》(第九十册,1903年2月)、《意大利古传》(第一百零九册,1904年9月)、《高丽志略》(第一百二十册,1905年8月)、《上古巴比伦通国地势论》(第一百七十九册,1907年7月)、《巴比伦古城基址已挖掘论》(第一百七十九册,1907年7月)。

⑥ 方汉奇(主编):《中国新闻事业通史》(卷一),北京:中国人民大学出版社,1996年,第539页。

第五章　史学期刊与史学研究公共领域

《国闻汇编》《岭学报》《无锡白话报》等刊物大都载有有关史学方面的文章，其中，带有政论性质的史学文章和介绍西方历史的文章占大多数。《湘学新报》《湘学报》和《岭学报》还分别设有"史学书目提要"①、"史学"②、"史学篇"③等专栏，专门介绍有关西方国家的历史的书籍，对中国人了解世界起到了重要的作用。戊戌之后至辛亥革命前后清政府虽然加强了对舆论的控制力度，但报刊事业的发展并没有因此停顿下来，改良派和革命派纷纷在海外办报，而国内报刊业也在一定程度上得到了发展。总的来看，这一时期较多刊载史学类文章的刊物主要有以下几种，分别为：《清议报》《译书汇编》《译林》《励学译编》《教育世界》《杭州白话报》《普通学报》《选报》《外交报》《新民丛报》《政艺通报》《经济丛编》《新世界学报》《大陆报》《湖北学报》《江苏》《中国白话报》《国粹学报》等报刊。这些刊物大都设有史学专栏定期刊载史学类的文章，从其内容看，还是以译介西方史学著述和介绍世界历史为主，但有关历史学的自身发展的讨论和研究性论著也开始出现。其中，最引人瞩目的是梁启超有关对旧史学的批判和新史学发展等论文的发表④及《国粹学报》专栏"史篇"刊载的一系列文章。辛亥至五四前后，因南京临时政府提倡言论自由，报刊业的发展曾经历过短暂的繁荣，其后，由于袁世凯

---

① 有关史学书目提要的有：《四裔编年表》、《列国岁计政要》、《西国近事汇编》、《大英国志》、《俄史辑译》、《重订法国志略》、《德国合盟纪事》、《法兰西志》、《米利坚志》、《隔韡论》、《联邦志略》、《中西纪事》、《普法战纪》、《希腊志略》、《英国水师考》、《欧洲史略》、《罗马志略》、《英法俄德四国志略》、《五洲各国志要》。

② 分别连载了易鼎《论西政西学治乱兴衰俱与西教无涉》（第二十八、二十九、三十、三十一、三十二、三十三、三十四册）、《五洲风俗异同考》（第三十四、三十五、三十六、三十七、三十八、三十九、四十、四十一、四十二、四十三册）和周传博《续四裔编年表》（第四十四、四十五册）。

③ 刊载的论文有《种类说》、《亚当世系考》、《挪亚子孙迁徙考》、《亚述国沿革考》、《腓尼基略颓基考》、《古希利民建国考略》、《古希利民建国考略上：雅典》、《古希利民建国考略中：士帕太》、《古希利民建国考略下：诸国》、《马其顿考略上》、《马其顿考略下》、《后马其顿考略》。

④ 《清议报》第九十、九十一册连载梁启超《中国史叙论》；梁启超署名"中国之新民"在《新民丛报》第一号、第三号、第十一号史传栏发表《新史学：中国之旧史学》《新史学：史学之界说》《新史学：论正统》。

和北洋政府的舆论控制而进入低潮。这一时期就史学在报刊中的发展情况来看,逐步表现为对中外历史的双重关注,即一方面介绍西方历史引进西学,另一方面开始对中国历史进行研究,其中,国学类报刊的兴起是这一变化的显著表现①。

总的看来,通过报刊对西方史学的输入及其对中国传统史学的批评与继承,不仅加快了中国史学向近代转型的步伐,同时也使得史学得以通过报刊这种新的形式获得新的生命力。舒芜曾对文学期刊在中国现代文学史上的价值作过如下评述:"文学期刊杂志的出现,是文学传播上的大事,也是整个文学史上的大事。先前,诗文写成,达到读者,只靠口耳传诵,笔墨传抄,又慢,又费时,又零散;从而,作家作品与读者的关系、作者与作者,作品与作品的关系,文学与其社会人生背景的关系,文学与其社会人生效果的关系等等,都是松散的,迟缓的,辽远的,朦胧不明的,难以预计的……而清末始有文学期刊,民国二十年代始有新文学期刊以来,情形大为不同了。一篇之出,短则以周计长亦不过年计,可以克期印成千万份,与千万读者相见。而且还有同时别的作者,少则数人,多则数十人,以同一体裁品种或不同体裁品质的作品,同时在一本期刊上与读者相见。而且不是'一次性行为',而是一段时期内总有某个刊物杂志在那里定期出版,作者甚至可以每期都有作品在那上面与读者相见,读者也可以期待常在上面见到哪些作者哪些作品,这样,作者就会相当明确地知道自己的作品写给哪一类读者看,大致有多少读者看,知道读者大致会怎样接受。"②将之用以比喻史学期刊,也恰能

---

① 这一时期有关国学类的报刊有:《四川国学杂志》、《国学丛选》、《国学丛刊》、《国学杂志》,这些刊物都以国学为名,将史学纳入到国学研究的重要领域,划专栏刊登有关中国史学的文章。另外,比较关注中国史学研究的还有《文艺俱乐部》、《中国学报》、《庸言》、《中华学生界》、《船山学报》、《复旦》、《南开思潮》等报刊。其中,比较有特点的是《文艺俱乐部》以"历史谈——民国史谈"、"历史谈——胜国史谈"专栏发表大量文章,对近代中国历史进行了研究。

② 舒芜:《文以刊分》,《舒芜集》第2卷,石家庄:河北人民出版社,2001年,第532—533页。

说明现代史学专业刊物的出现,在缩短文章发表周期,传播和扩大史学研究成果的影响和普及等方面的作用。

应该说通过报刊这一媒介,史学研究的公共领域在五四前后已经具备了一定的雏形,但这些刊物并非专门性质的学术专业性刊物,不可能完全刊载史学文章,史学文章在其中只能占据一小部分内容(不同的刊物有不同的标准),而史学的发展需要有专门性质的专业性史学期刊来作为史学研究的阵地。20世纪二三十年代大量史学期刊的创办与兴起正是这种需求的反映,"廿年代与卅年代之学术期刊中,以史学刊物为最多"①。专业性的史学期刊与以往报刊和同时期的各种刊物具有不同的特点,其关注的重点是史学,以力图反映和宣传历史学研究与发展的成果为目的,以促进历史学科的建设为宗旨。史学期刊进一步促进了史学研究的深入和发展,热烈的学术讨论开始出现,学术研究成果也不再"藏之名山",努力发表自己的研究成果成为学者追求的目标,史学研究的公共领域得以真正确立,具备了可靠的机制性表达。

二 史学公共领域确立对史学研究的影响

史学研究公共领域的确立使得史学研究表现出不同以往的如下几个方面的特点:

首先,史学研究由私向公转化,学术讨论与论争成为比较突出的现象。五四以后,伴随着报刊业的蓬勃发展,有关学术讨论和论争也此起

---

① 汪荣祖:《五四与民国史学之发展》,见杜维运、陈锦中编《中国史学史论文选集三》,台北:华世出版社,1985年,第509页。

彼伏，其中影响较大的有"科学与人生观"之争及有关整理国故的争论①。而专业性史学期刊的兴起，更是使得在史学领域的论争具备了可以发挥的平台，通过史学期刊和与之相关的综合性学术刊物，许多学者可以借此对诸多问题进行相互的交流和集中的讨论，对于促进学术的发展起到了重要的作用。如有关古史辨的争论，最初是在《读书杂志》上连续发表了顾颉刚、钱玄同、刘掞藜、胡堇人等人有关古史讨论的九篇文章，但不久《史地学报》也同样刊发了顾颉刚、钱玄同、刘掞藜等人文章，而且还刊登了柳诒徵《论以说文证史必先知说文之谊例》和胡适《古史讨论的读后感》。其后，《史学年报》对此同样有所关注，发表了《近百年来中国史学与古史辨》（Arthur. Hummel 著，郑德坤译）一文对此作了系统的总结。学者之间这种交流论争的形式对古史讨论的推进有很大的宣传和促进作用。对于这种学者之间通过学术期刊发表不同的看法，对有关问题进行理性的探讨，钱穆在其《师友杂忆》（三联书店，1998年版）中有过清楚的记载②。燕京大学史学会创办的《史学年报》在"发刊辞"中说："近鉴于观今学术，非闭户独学之所可也，乃忘其铜蔽，刊其师生所得，以与同好一商榷之，冀收他山之助。"③这些都表明史学研究公共领域确立后，史学研究出现较为健康的发展迹象。

其次，史学研究的取向开始出现多元与集中并存的趋向，史学思潮不断涌现。史学期刊的兴办、史学研究公共领域的确立，不仅有利学者

---

① 有关这方面争论的研究可以参看罗志田：《从正名到打鬼：民国新派学者对于整理国故的态度转变》（《中国学术》2001年2辑）之第一节、《从科学与人生观之争看后五四时期对五四观念的反思》（《历史研究》1999年3期）、《走向国学与史学"赛先生"——五四前后中国人心目中的"科学"一例》（《近代史研究》，2000年第3期）等论文。

② 钱穆《刘向歆父子年谱》一文发表在顾颉刚所主持的《燕京学报》（1930年7期）之前，曾给顾颉刚看过，并且与顾颉刚的观念颇为不同，钱说此文"不啻特与颉刚争议"，顾颉刚亦欣然刊登此文。另外，钱穆与胡适之间关于《老子》成书年代问题的争论，也是通过《燕京学报》（《关于老子之成书时代之一种考察》，1930年12月第8期）、《清华周刊》（《与钱穆先生论〈老子〉问题书》，1932年第39卷第9、10期合刊）等学术刊物进行的。

③ 《史学年报·发刊辞》，《史学年报》，第一期，1929年。

第五章 史学期刊与史学研究公共领域

之间的论争,促进史学研究的深化和问题的解决。同时,也为史学研究成果的刊载提供了一定的平台,从而形成诸多不同的研究取向。史学研究表现出了多元与集中并存的趋向。这表现为一方面史学研究的对象和范围相对于以往报刊仅专注于西方史学的介绍有了较大的扩展,史学期刊不仅登载有关介绍西方史学和历史的文章,一些刊物将关注的重点更多地转移到中国历史和中国史学的发展等问题的研究上来。涉及的内容从时间上来看,上至远古传说下至近代,从内容上来看,涉及历代政治、经济、文化、边疆、外交、战争、民族、宗教、民俗及对史书的考订、史学理论方法的讨论、历史教学问题的商榷等诸多问题①。另一方面表现为史学研究出现相对集中的趋向,学者通过期刊这一媒介参与某一论题的讨论,或者通过以某种固定的刊物作为平台集中刊载某些共同感兴趣的论题,从而带动更多的学者参与其中,形成了诸多的史学思潮,对史学研究产生了重要的影响②。

再次,分工合作成为史学研究的一种重要的形式。史学研究的分工合作并非新鲜事物,中国古代设馆修史即是典型的代表,对中国古代史学的发展起到了重要的作用。但在传统社会中,这一种组织形式更多的受控于封建国家,较易生出弊端,且不能普及于一般史家之间。史学期刊的发展及其公共领域的确立使得分工合作成为了近代史学研究的一种重要形式,它摆脱了传统设馆修史之弊,更多地依靠史学期刊的出版将学人联系起来。学人通过组织史学研究团体,发行刊物,极大地

---

① 以其时影响较大的《史学杂志》为例,在其第一卷第一期所刊载的论文就有:《中日民族论》、《悼梁卓如先生》、《班孟坚年谱》、《汉唐间西域及南洋诸国地理书辑佚》、《述宋史质》、《明清间金陵之都市生活》、《校雠学杂述》、《中央大学历史系课程规例说明草案要删》、《初级中学历史课程标准草案》、《评戴季陶日本论》、《中央大学十七年入学试验西洋史常识试题纠缪》,内容不仅包括历史上的民族关系、历史学家、都市生活而且还包括对史著的辑佚、评价以及对历史教育问题的关注。这说明通过史学期刊这一平台,学者所展现和关注的内容变得丰富起来,不再拘泥于某种固定的研究模式,而是凭借自身的学识和兴趣进行史学研究,逐步形式了史学研究的多元化格局。

② 有关史学期刊与史学思潮的关系,详见本书第四章有专门的论述,此不赘。

促进了近代中国史学的发展,摆脱了传统社会设馆修史之弊,张其昀曾就历代设馆修史之弊出发,认为"今后中国史学会当如何讲究组织,确定步骤,明立科条,审定区域,使有总纂以举纲领,有编辑以尽分功,以其所能,易所不能,或事分析,或事综合,互助合作,秩然有序"①。其时郑鹤声也主张"学术研究,端赖众功",他认为"而今内外交通,吸收发扬,有应接不暇之势。史地疆界,日益拓广,任重道远,更非合作不为功"②。傅斯年领导的中央研究院历史语言研究所及其创办的《中央研究院历史语言研究所集刊》可以说是分工合作的典范,取得了史学研究的巨大成功。早在新文化运动期间,傅斯年就指出"中国学术,以学为单位者少,以人为单位者较多,前者谓之科学,后者谓之家学;家学者,所以学人,非所以学学也。纵有以学科不同,而立宗派,犹是以人为本,以学隶之,未尝以学为本,以人隶之……诚以人为单位之学术,人存学举,人亡学息,万不能挚衍发展,求其进步"③。在创办研究所的时期,傅斯年更是明确提出"历史学和语言学发展到现在,已经不容易由个人作孤立的研究了,他既靠图书馆或学会提供材料,靠团体为他寻材料并且须得在一个研究的环境中,才能大家互相补其所不能,互相引会,互相订正,于是乎孤立的制作渐渐的难,渐渐的无意谓,集众的工作渐渐地成了一切工作的样式了,这集众的工作有的不过是几个人就一题目之合作,有的可就是有规模的系统研究"④而同样在发行史学期刊方面较为成功的顾颉刚和陶希圣两人对此亦深有感触,顾颉刚认为"以前的学术界不懂得分工,他们同读着几部书,向一致的目标求最高的成就,弄得这人的能与不能也就是那人的能与不能,一条路上挤着许多人,却空着许多条路没人走。"因此,他主张分工合作,"各人割了一小部分作

---

① 张其昀:《刘知几与章实斋之史学》,《学衡》,第五期。
② 郑鹤声:《清儒之史地学说与其事业》,《史地学报》,第二卷第八期。
③ 傅斯年:《傅斯年选集》,天津:天津人民出版社,1996年,第49页。
④ 傅斯年:《傅斯年选集》,天津:天津人民出版社,1996年,第182—183页。

第五章 史学期刊与史学研究公共领域

深入的研究"①。陶希圣也曾说:"搜集史料是不能急不能讨巧的工作。我们现在没有大研究室或记录室,只有一点一滴去集累。但是个人的集累,终究是没有成就的一天。几年以前,就有不少的人感觉到大家分工合作的必要。"而事实也证明傅斯年、顾颉刚、陶希圣等人通过创办史学期刊,倡导分工合作的理念是成功的,史学研究也表现出不同于以往的特点。

第四,出版与发表成为史学研究的重要目的。史学期刊的兴起、史学研究公共领域的确立为史学研究成果的出版与发表提供了广阔的空间,同时也深刻影响了学术评价机制的变革,出版与发表成为史学研究的重要目的②。早在1905年,就有学者认为:"一国之文明,系于一国之学术,而学术之程度,恒视其著述之多少为差。著述者,其研究学术之结果乎。"③将学术研究成果发表的多寡作为学术评价的标准。到1923年,强烈主张中国应仿效欧美组建各类"研究高深学术"的专门机构的洪式间,在说到各种研究所均有专门杂志以发表其成绩时进而指出:"成绩愈多,则其在学术上之地位愈高。而所谓学术中心之所在,即以发表成绩之多寡定之。"④主张学习西方这种学术组织机构和评价机制,通过出版与发表研究成果确立学者在学术领域的地位。这种情况,我们可以从其时创办学术期刊较为热心的顾颉刚身上看出大概。顾颉刚对报刊对学人的重要性有着充分的认识,这在1935年顾颉刚与谭其

---

① 顾颉刚:《三周年纪念词》。另外事实证明,在禹贡学会中,冯家升主攻东北史地,史念海主攻唐代地理,聂崇歧主攻宋代地理,王日蔚主攻新疆民族史等等。他们都在各自的领域取得了重要的成绩,从而在整体上推动了禹贡学派的发展,扩大了其影响。

② 关于这一问题,罗志田曾指出:"'学术是天下公器'是老话,可当下就要做天下的'公器',总试图证明什么,总希望说服什么人,却是包括史学在内的20世纪中国学术与传统学术的一大根本区别。"见罗志田:《二十世纪的中国:学术与社会·史学卷》,济南:山东人民出版社,2001年,第12页。

③ 卫种:《二十世纪之支那初言》,《二十世纪之支那》(1905年),见张柟、王忍之编《辛亥革命前十年间时论选集》(卷二上),北京:三联书店,1963年,第61页。

④ 洪式间:《东方学术之将来》,《晨报五周年纪念增刊》,1923年12月(附在人民出版社1981年影印本《晨报副刊》第5册),第19页。

骧的信中有明晰的表达:"说到创办刊物,你和我的胸怀太不相同了。我办这刊物,固要使你成名,但世界上埋没了的人才何限,可以造就的青年又何限,我们纵不能博施济众,但必应就力之所及,提拔几个,才无负于天之生才。例如钟风年先生,年边五十,以十余年之精力费于《战国策》上,然而世上有什么人知道他?因为世人不知,而他的文字又不足以表达学问,以致困顿不堪,不能给衣食。此等人我不帮他一下,再有什么人帮他?又如孙海波君,其学力为世所希见,而其文字颇有疵类,不为他改竟不能登。难道我为了爱惜自己的时间而使他失去了发展的机会吗?又如马培棠君,有学问,有见解,又会写文章,这种人是很能脱颖而出的,但因他寡交游,没有人为他揄扬,就埋没在一个中学校里。现在我们常登他的文章,竟使注意他的人愈来愈多,我到南到北都听见提起他的姓名了,又有人托我介绍和他通信了。这样地使许多有志有为的人都得到他的适当的名誉和地位,岂不是人生一乐?所以我们若为自己成名计,自可专做文章,不办刊物;若知天地生才之不易,与国家社会之不爱重人才,而欲弥补这个缺憾,我们使不得不办刊物。我们不能单为自己打算,而要为某一项学术的全部打算。"①

第五,史学研究与社会的关系日益密切。"史学与社会的关系,是我们认识史学的出发点,也是我们认识史学的归宿"②。史量才曾对报纸的作用做过一番概括:"报纸为现代史记。史记之精神鉴既往、示未来,报纸之精神亦然。"③报纸的作用如此,而史学期刊的兴起以及史学公共领域的确立也必然影响到史学研究与社会之间的关系。与传统史学相比,通过史学期刊刊载有关史学研究成果,使史学研究更能及时准

---

① 顾潮:《历劫终教志不灰——我的父亲顾颉刚》,上海:华东师范大学出版社,1997年,第164页。
② 瞿林东:《中国史学史纲》,北京:北京出版社,2005年第二版,第88页。另外,有关史学与社会关系问题的研究《中国史学史纲》第一章第六节有较为系统的论述,题为"史学与社会",第88—94页。
③ 宋军:《申报的兴衰》,上海:上海社会科学院出版社,1996年,第103页。

确地把握社会发展的脉络,有针对性地对社会文化生活发展提出应有的鉴戒。史学研究从独门闭户之学转而面向社会,通过史学特有的社会功用作用于社会,对社会生活和发展产生重要影响,史学研究与社会的关系日益密切。如1924年6月出版的《史地研究》第一期,明确标明为国耻纪念号,在发刊词中指出:"5月29日为我国民痛心疾首之纪念日,各处机关学校多休业纪念,本校史地研究会以徒作新亭之流涕无益国势之恢复,思以系统之讲演激发雪耻之热忱,特将国耻之由来、交涉之经过以及关于国耻纪念之种种问题,分别研究以次讲演。兹按当日讲演次序,将讲稿刊发国耻纪念号,为本刊之第一期,聊以作国民立庭之呼云尔。"[①]1924年8月,第二期出版,在封面首页反面刊有"本刊启事",对第二期的内容做了说明,其声明如下:"关于中俄交涉问题,本刊原拟特刊专号讨论,嗣以中俄协定大纲业经签字,正式中俄会议预备开会之际,国人对于协定大纲成立之经过及俄国之情形急愿得一系统观念,故提前于本刊第二期发表。至于正式中俄会议开会后之情形,本刊当继续与国人究研讨论,特此声明。"[②]史学期刊与社会关系的日益密切不仅仅是因为刊载相关现实问题的文章,更重要的是通过史学期刊的及时传播,史学的社会影响力得以充分地扩大,成为社会文化生活中的重要组成部分。

综上所述,20世纪二三十年代史学期刊的创办与兴起,在一定程度上很好地促进了近代史学研究公共领域的确立,而史学公共领域的确立又为史学的发展提供了良好的条件,使得二三十年代中国史学研究出现了短暂的繁盛局面。

下面我们将以古史论战为例,分析史学期刊在这方面所发挥的作用与意义兼及讨论近代史学发展等问题。

---

① "发刊词":《史地研究》,第一卷第一期,1924年。
② "启事",《史地研究》,第一卷第二期,1924年。

三 古史论战

古史辨是近代中国史学发展史上的主潮之一,其兴起自然有学术发展自身的内在逻辑,然而也会受到社会文化传播条件变化及学术机制革新的影响。中国近代报刊业的发展导致了社会公共领域的形成,史学期刊的兴起进一步促进了史学研究公共领域的确立,同时也为古史辨提供了广阔的活动空间;近代史家的职业化走向亦是促进古史讨论的一个重要原因;职业性史家与报刊的结合意味着史学研究与现代传播机制结合的完成,他以古史辨的形式催生了近代史学的科学化。

1923年顾颉刚提出"古史是层累的造成的"这一命题,古史讨论遂成为近代中国史学的主潮之一,自1926年《古史辨》第一册出版到1941年出版第七册,享誉史坛的众多学者参与其中,期间共发表学术论文350余篇,几乎伴随了整个民国时期的史学发展,其影响所及,至今犹存。顾颉刚发表这一论断时31岁,正值他学术生涯的开端,并非史坛名流。能产生如此之大的影响,从学术发展的角度来看,其中原委值得我们仔细的研究。很多学者从不同的方面探讨这一运动得以兴起的原因,较有代表性的观点认为:"二十世纪'古史辨'学派的兴起,其深刻的根源存在于传统学术之中,所以它首先是传统学术中疑古风气在五四时代条件下的产物","又是'五四'时期西方新思想迅猛传入,中西学术交融出现高潮的产物。"①这些观点无疑对我们理解这一问题有很大的帮助。学术的发展自然有其自身的内在逻辑,然而也会受到社会文化传播条件变化及学术机制革新的影响,我们试图从学术发展与社会生活背景的角度来看待这一问题。以古史辨运动的兴起为切入点,探讨史学期刊的发展与近代史学发展的关系及史家的职业化与史学发

---

① 陈其泰:《"古史辨派"的兴起及其评价问题》,《中国文化研究》,1999年春之卷。

展的关系,从而进一步探究近代史学科学化的过程。

顾颉刚"层累地造成中国古史"观,在《与钱玄同先生论古史书》一文中被首次提出来,该文发表于胡适所主编的《努力周报》上。在此之前,顾颉刚与胡适、钱玄同就以书信的形式讨论辨伪问题,当胡适请顾颉刚编《努力》周报副刊《读书杂志》时,顾颉刚就将与钱玄同的信节录一部分,题为《与钱玄同先生论古史书》发表。同时给钱玄同去信,希望他将辨伪的见解多在此刊上发表,信中提到"我们说起了辨伪已有三年了,却没有什么成绩出来","如能由我这一封信做一个开头,继续的讨论下去,引起读者的注意,则以后的三年比过去的三年成绩好了。"①这里顾颉刚的目的非常明确,就是为了将古史辨伪的讨论扩展开来,能够"引起读者的注意",而实现的形式就是将信件中讨论的内容公开发表。此后,《读书杂志》从第九期开始至第十七期止,连续发表了顾颉刚、钱玄同、刘掞藜、胡堇人等人辩论文章(信件)九篇。古史讨论成为热点,轰动一时。

这里,我们可以看到一个不容忽视的事实,即古史辨的兴起除了其自身的吸引力及与传统学术的关联外,报刊作为一种新兴媒介在其中起到了极其重要的作用。什么是媒介?用美国学者威尔伯·施拉姆的话说,媒介是插入传播过程中借以扩大并延伸信息传递的工具,是借助技术手段以沟通传者与受者的系统②。著名传播学者麦克卢汉界定:媒介即信息③。意即媒介所产生的影响除了由它所载内容决定外,它的形式本身也会起到一定的作用。这无疑是对媒介重大意义的最简练概括,对于我们理解报刊在"古史辨"中的作用很有启发意义。

---

① 顾潮:《历劫终教志不灰——我的父亲顾颉刚》,上海:华东师范大学出版社,1997年,第76—77页。
② [美]施拉姆(Schramm.W)著,金燕宁等译:《大众传播媒介与社会发展》,北京:华夏出版社,1990年。
③ [英]马歇尔·麦克卢汉(Marshall Mcluhan)著,叶明德译:《传播工具新论》,台北:巨流图书公司,1987年。

如前所述,近代报刊业的发展带来了社会"公共领域"的形成,而史学期刊的兴起更是促进了史学研究公共领域的形成。可以这样认为,至1920年代,史学期刊的发展已经为顾颉刚提出古史辨并成为热点提供了充足的环境。正如麦克卢汉所言:媒体会改变一切,不管你是否愿意,它会消灭一种文化,引进另一种文化①。史学期刊作为一种新型的媒介,他的发展正预示着一种新的文化观念的开始。古史辨正是这一新的文化观念在史学领域的展开。

顾颉刚认识到了报刊的功能及其对学术发展的影响。从顾颉刚早期的读书生涯中我们可以窥其一斑。在读私塾期间,他就开始接触报刊,在《新民丛报》上读到梁启超"浅显畅达而又感情丰富"的文章时,"俨然有古人痛饮读《离骚》的样子,把作者的感情和自己的感情融化而为一了"②。在进入中学后,顾颉刚托人到上海将当时影响较大的《国粹学报》全部买来进行习读,以后一直读到辛亥革命时此刊停刊为止,使他认识到"过去的中国学问界里是有这许多纷歧的派别的"③。1909年,于右任在上海主办的同盟会机关报《民呼日报》发刊,顾颉刚被其吸引,开始有了种族革命的思想,转变了以前的保皇顷向。辛亥革命爆发后,顾颉刚更是以读报为主要任务。进入北大学习后,顾颉刚开始与傅斯年等人编辑《新潮》杂志。其后,顾颉刚主编过中山大学语言历史学研究所《周刊》、《燕京学报》、《禹贡半月刊》、《大众知识》、《边疆周刊》、《史学集刊》、《齐大国学季刊》、《责善半月刊》、《文史杂志》、《文讯》等多种刊物。总之,无论是阅读还是亲自参与编辑,顾颉刚的读书生涯中,始终没有离开报刊。报刊对他的思想及知识积累产生了重要的影响。

---

① [英]马歇尔·麦克卢汉(Marshall Mcluhan)著,叶明德译:《传播工具新论》,台北:巨流图书公司,1987年。
② 顾潮:《历劫终教志不灰——我的父亲顾颉刚》,上海:华东师范大学出版社,1997年,第5页。
③ 顾潮:《历劫终教志不灰——我的父亲顾颉刚》,上海:华东师范大学出版社,1997年,第17—18页。

这使得顾颉刚对报刊之于学人的重要性有着充分的认识,这在我们前引1935年顾颉刚与谭其骧的信中有明晰的表达[①],从这段话中,我们可以清楚地看到,顾颉刚对报刊的传播作用是有着清醒的认识的,并将这种认识付诸到实践活动当中。这可以说是顾颉刚因古史辨获得巨大成功的经验总结。

报刊作为一种传媒具有议题设置的功能。1968年,美国传播学者马克斯维尔·麦考姆斯和唐纳德·肖率先提出"议题设置功能"理论,这一理论认为:虽然大众传播媒介不能直接决定人们怎样思考,但是它可以为人们确定哪些问题是最重要的。因此,当大众传播媒介大量、集中报道某个问题或事件,受众也就会关注、谈论这些问题或事件。显而易见,报刊作为大众传媒之一,可以使某些事实和观点从人们的生活中凸显出来,引起人们的重视,从而影响人们的思想观念。"中国古史是层累的造成的",所谓层累的造成,"第一,时代愈后,传说中的古史越长","第二,时代愈后,传说中的中心人物愈放愈大","我们在这上,即不能知道某一件事的真确的状况,但可以知道某一件事在传说中的最早的状况。"[②]从传播学的角度讲,其属于一个"议题",这一"议题"被顾颉刚提出来,并通过《努力周报》这一有较大影响力的报刊予以发表,随着钱玄同、刘掞藜、胡堇人等诸多学者参与讨论,被很快的"设置"起来,从而引起人们的关注,随后柳诒徵、魏建功、李玄伯等众多的学者参与其中讨论古史,这些学人所发表的文章分别登载于《史地学报》《北京大学研究所国学门周刊》《现代评论》等刊物上。可以想象,如果没有报刊

---

① 此信见上述引文,另外在1934年顾颉刚给郑德坤的信中也提到:"弟为将来事业计,觉得必有一宣传机关,方可激起人们的注意,故毅然创办《禹贡》半月刊,一方面结合有志研究地理之人,一方面为我们出版物登载广告。"(1934年3月2日,顾颉刚致郑德坤的信,《顾颉刚致郑德坤信函辑录》,《档案与史学》,2002年第4期。)这两封信都属于私人信件,顾颉刚与谭其骧、郑德坤等共谋《禹贡》半月刊的发展,私交不错。所以,这两封信应该能反映顾颉刚的真实想法。

② 顾颉刚:《古史辨》(第一册),上海:上海古籍出版社,1981年,第60页。

这一新型的媒介参与,古史讨论的影响将不会如此之大,也很难继续下去。

史学期刊的发展为古史辨提供了广阔的空间,而史家的职业化走向为古史辨提供了内在的动力。所谓史家的职业化,简而言之,是指史家以史学作为工作对象并获取一定的报酬得以安身立命的社会分工形态。讨论史家的职业化,必须要联系到近代学术和教育机构的建立以及稿酬的出现。学科体制的建立使得史家得以从传统价值观念中解放出来,从依附于封建国家到依附于近代的学术及教育机构。近代报刊业的发展使得稿酬开始出现,为史家又提供了一个经济来源。

中国古代就有史官,至魏晋时期史学开始确立。中国古代史学的繁荣给我们留下了丰富的史学遗产。史官作为古代政权的有机组成部分,虽然以修史为主要职责,但并没有脱离与政府的人身依附关系,史家缺乏独立的人格。历代的私家修史,与学者自身的志趣相关,并不以治史作为安身立命之本。因此在史学以官方为主导的情况下,史家多以"修"史为务,缺少对历史的进一步的解释。当然史家在修史过程中必然有对历史的解释在里面,但这种解释很难说是一种有意识的作为。这是中国古代史家缺乏职业性导致的最严重的缺憾,亦是梁启超在对传统史学批评中所指出的"四弊二病"中的本质所在。中国史家的职业化是随着近代中国社会的转型而逐步确立的。1905年,清廷在内忧外患的情况下废除科举制,这一举措的客观效果是彻底切断了读书人与政府之间的纽带,传统知识分子失去了依附国家权力的渠道,迫使知识分子开始向近代化转型,皇权意识逐渐淡化。失去了科举入仕的追求,知识分子为了谋求出路,开始向社会各个行业流动。凡举公司、企业、商务、报馆、学会、自治乃至新军都成为他们的"用武之地",以至社会中出现了一个"绅商"阶层。据一份20世纪初报刊编辑、记者、主笔出身表显示,48名编辑、记者、主笔中,有42名具有传统功名,占87.5%[①]。因此,就学术发展来看,知识分子的分流扩大了文化传播的范围,而且使得知识分子摆脱了皇权的束缚,具备了独立的人格,出现了以现代学科分类的职业知识分子。

在这一知识分子职业转型的过程中,史家的职业化首先与清末民初的学术教育机构的建制及其发展密切相关。在洋务运动时期业已出现同文馆、广方言馆、水师学堂及自强学堂等新式学堂,但这些学堂"言艺之事多,言政与教之事少"[②],史学在其中并不作为教习的内容。戊戌维新之际设立了京师大学堂,成为中国最早的高等学堂。戊戌之后,先后兴办的大学堂有陕西的宏道大学堂、山西的晋省大学堂、山西大学堂、河南大学堂、两湖大学堂、广东大学堂、江苏的南菁高等学堂等[③],这些新式学堂一般都将史学纳入教学内容,强调"鉴戒",其中的经世色彩较为明显,史家开始具有职业的性质。至民国初北京大学等一批新式大学的建立,史学作为一门学科真正的建立起来。这些大学与学术机构有较强的独立性,史学作为诸多学习科目中的一类,教学与科研成为学者的本职工作,亦是史家得以获得酬劳的最基本方式,史家的职业化开始真正形成。

另外,稿酬制度的出现也为史家的职业化提供了有力的支持。稿酬古已有之,即称之为"润笔",但不具有普遍性,大致不出官府赏赐和私人酬谢两途,而且基本上没有定例。稿酬制度与近代报刊业的发展相伴而生,随着报刊业的不断发展,报刊从初创时期单一的宗教政治舆论宣传工具向产业性转化,随之与出版报刊相关的职业性的工作人员如编辑、记者、经理人等亦大量开始出现,同时写作也成为一种谋生的

---

① 王先进:《近代中国绅士阶层的分化》,《社会科学战线》,1987年第三期。
② 梁启超:《变法通议·学校总论》,《饮冰室文集》第一册,北京:中华书局,1989年,第19页。
③ 庄俞、贺圣鼎:《最近三十五年之中国教育》,上海:商务印书馆,1931年,第77—78页。

手段。据郭浩帆的研究,最早确立近代稿酬标准的是绘画界,而后是小说界①。至于史学类学术性质的文章是否具有稿酬,就早期的专业性史学期刊《史地丛刊》《史地学报》《史地研究》等刊物来看,都没有明确标明是否有稿酬。但在1905年前后的上海报界,写作"论说"文章是有稿酬的,大概是每篇五元。如顾颉刚曾应郑振铎之邀,作《〈诗经〉的厄运与幸运》售与《小说月报》。另外就史学类图书的出版来看,视出版销售数量的多寡也有数量不等的稿酬,顾颉刚大学毕业不久,曾经就因经济上的困难试图"拿著书来做主要职业,拿版权来做主要收入"②。就《古史辨》第一册出版的情况来看,因为其销路很大,连续出版十次,由此奠定了朴社的经济基础。当然就整体来看,史学类学术性文章支付稿酬的现象不是很普遍,同时稿酬也只是作为史家经济来源的一种补充,但其存在也是促成史家职业化的重要因素之一。

史家的职业化使得史家以学术性的眼光看待历史问题,不囿于政治权威的束缚,史学进入真正的科学研究阶段,也必然促进史学的极大发展,古史辨正是在这一背景下开始产生的。我们从在古史辨兴起时,参加讨论的主要人员的职业性可以得其大概。顾颉刚、钱玄同、刘掞藜、胡堇人、柳诒徵、容庚诸多参与到古史讨论的人,大多依附于近代学术教育机构,学习或就职于与史学相关的职业,正是有这样一批职业性的史家的参与,古史辨才得以兴起并延续下去。同时,在这样一批具有职业性的史家面前,科学理性批判的精神受到张扬,宗教信仰的藩篱被打破,史家的职业化意味着史学的科学化走向。

职业性的史家与报刊的结合意味着史学研究与现代传播机制结合的完成,这样一种新型的学术机制,必然对史学研究产生重大的影响。它突破了古代史家单独研究的局限,能够将问题公之于众,让更多的学

---

① 郭浩帆:《近代稿酬制度的形成及其意义》,《山东大学学报》,1999第3期。
② 顾潮:《历劫终教志不灰——我的父亲顾颉刚》,上海:华东师范大学出版社,1997年,第63页。

者参与到所研究的问题上来。留学归来的傅斯年看到了西方学术机构对学术研究的巨大影响力,回国后起而效仿创办史语所,傅斯年在《历史语言研究所工作之旨趣》一文中这样写到:历史学"发展到现在,已经不容易由个人作孤立的研究了,他既靠图书馆或学会提供给他材料,靠团体为他寻找材料,并且须得在一个研究环境中,才能大家互相补齐所不能,互相引会,互相订正,于是乎孤立的制作渐渐的难,渐渐的无意谓,集众的工作渐渐的成一切工作的样式了。"①这里傅斯年所要强调的是现代学术机构的建立对学术发展的影响,认为现代的学术机构的建制为学者提供了一个良好的"研究环境"。但是傅斯年忽视了另外一个问题,即报刊的发展同样也为学者的研究提供了一个良好的研究环境,这一问题被留学归来的洪式闾注意到了,他说:"各种研究所,各有其专门之杂志,以发表其成绩。"②通过报刊这样具有广泛传播效力的工具,史家的视野变得更加开阔,更容易融入到当下学术研究与讨论中,通过讨论及相互之间的启发驳诘,使得对所研究的问题更加深入,顾颉刚在古史辨自序中这样坦言:"我又非常感谢刘楚贤(掞藜),胡堇人(治征)诸先生,他们肯尽情地驳诘我,逼得我愈进愈深,不停歇于浮浅的想象之下就算是满足了。我永远要求得到的幸运,就是常有人出来把我痛驳,使得我无论哪个小地方都会亲自走到,使得我常感到自己的学力不足而勉励寻求智识。"③可以说,正是史家通过史学期刊得以相互影响,不断推进自身的研究,古史辨是这一形式的开端及明证。

另外,就古史辨所讨论的内容来看,他本身亦符合中国史学科学化进程的需要。中国史学的科学化首先必须对古史做出清理,打破原有的一整套为帝王政权服务的古史系统,顾颉刚就明确主张"打破古代为

---

① 傅斯年:《历史语言研究所工作之旨趣》,《中央研究院历史语言研究所集刊》,第一本第一分,1928年。
② 洪式闾:《东方学术之将来》,《晨报五周年纪念增刊》,1923,12。
③ 顾颉刚:《古史辨》(第一册),上海:上海古籍出版社,1981年,第3页。

黄金世界的观念",认为"我们要懂得五帝三王的黄金世界原是战国后的学者造出来给君王看样的,庶可不受他们的欺骗"①。传统的古史系统以为三代为理想社会,其后历史的发展则是每况愈下,这一古史系统存在于为整个传统社会价值取向的经学元典之中,打破原有的古史系统就等于无形之中消解了对经学的崇拜,原来的经学成为了史学研究的领域,整个传统社会所为之尊崇的价值观念也必然随之瓦解,科学理性的精神受到尊崇。因此在这个意义上,我们说职业性的史家与报刊的结合,以古史辨的形式催生出了中国史学的科学化。

近代史学的科学化是一个逐步确立的过程,一方面是伴随着近代大学及其研究机构的建立而学科化,另一方面是以梁启超为开端的一批学者的不断开拓而使史学逐步与近代学术体制相适应,从而推动了史学的科学化进程。在这一科学化的进程中,古史辨的讨论是中国近代史学科学化确立的标志,是史家与报刊相结合的典范。

值得注意的是,史家与报刊的结合并不以古史辨为始,早在1902年梁启超就在《新民丛报》上发表《新史学》,但并没有对中国古史做出具体的研究与讨论,这说明在史学从传统到近代转型的过程中,由于缺少职业性的史学家的参与,使得讨论及其转型难以完成,因此梁启超更多地是提倡宣传之功。论者指出"自新会梁氏朦胧的'历史科学'和'科学的历史'观念起,新史学的发展的主流始终在'科学化'"②。但直至古史辨的提出,这一新型的学术机制才得以真正完成。古史辨是中国史学史上第一次真正意义上的通过大众媒介公开的学术讨论,职业性的史家以现代的学术眼光来研究中国历史,至此,中国史学研究真正走向科学化。没有作为现代传媒的报刊,史学的科学化过程将是一个漫长的道路,同样,没有在现代学术机制下产生的职业史家,中国史学的近代转型亦将不会如此迅速。

---

① 顾颉刚:《古史辨》(第一册),上海:上海古籍出版社,1981年,第101页。
② 许冠三:《新史学九十年》,长沙:岳麓书社,2003年,第2页。

第六章 史学期刊与近代中国史学研究范式的转型——以《史地学报》为中心

学术转型除了学理意义上的诱因外,文化传播条件改进亦会对之产生促进作用。近代史学类期刊的创办与发展,引领了史学发展潮流,史学期刊作为发表史学学术成果的新型载体,以与传统媒介所不具有的时效性、覆盖面广等优势,在近代中国史学研究范式的转型过程中发挥了重要的作用。《史地学报》作为近代中国较早创办的专业性史学期刊,更是起到了引领潮流的作用[1]。前贤研究往往把《史地学报》之作者群体作为学衡派的知识谱系来加以认识,缺乏就刊物自身而言的研究,这显然与《史地学报》本身应有之历史价值不符。鉴于此,我们拟以《史地学报》为中心,考察史学期刊在近代中国史学研究范式转型过程中的作用与意义。

《史地学报》创办于1921年11月,为南京高师史地研究会出版物,其创办为导师和学生发表学术研究成果提供了广阔的空间,大量刊载了教师和学生的论著,教师通过学术论文的发表使知识的传播得到扩大,而学生既能耳濡目染又能尝试学术研究,其中很多人都成为以后的学术大家或文化名人。需要指出的是,《史地学报》虽为史地研究会的出版刊物,但并不固步自封,自创刊起就积极面向社会,秉承学术为公

---

[1] 民国学人将史学与地学并提,认为二者乃"实学","史地学示人以真确之历史背景与地理背景,为各种科学之根本"(《史地学报》第1卷第2期《启事》,1922年2月)。因此在20世纪二三十年代出现一些以"史地"名之的刊物,如《史地丛刊》《史地研究》《史学与地学》、《史地社会论文摘要月刊》《史地半月刊》《史地杂志》等,史学论著在其中占据很大分量,本文将有关这类刊物作为史学期刊来看待。

之旨,在第1卷第1期的创刊号上附有启事三则,其一为"本学报取公开的态度,极愿海内同志自由投稿,积极批评;其能以实地观察,或教授经验见赐者,尤为欢迎。"以后每期基本上都附有征稿或请求批评的启事,对于外来稿件也乐于披露。通过同人的努力,《史地学报》的影响亦不断扩大,受到社会的广泛关注,从商务出版社的发行来看,几乎覆盖了当时全国大部分城市①。《史地学报》的创办及其广泛传播对近代史学研究范式的转型起到了推动作用,在推动史学研究中历史观念、史学价值观念、选题指向的转变以及逐步建立近代史学学术成果的表述方式等方面发挥了积极的作用。

一 历史观念的转变

史学研究必定要以一定的历史观念为指导,史学研究范式的转型首先应该是历史观念的转变。历史是什么?历史学者能否认识历史?应该以怎样的观点作指导来认识历史?对这些问题的不同解读,会产生不同结论,从而影响到具体的史学研究。

《史地学报》非常重视对这一问题的研究,自创刊起首先讨论的就是上述问题,在创刊号上开首第一、二、四篇分别发表了徐则陵(《史之一种解释》)、陈训慈(《史学观念之变迁及其趋势》)、缪凤林(《历史与哲学》)等人的文章对此做出了回应。这些文章一方面是对古今中外的历史观念作了回顾与介绍,另一方面则对这些观念进行了评价与分析,学人于此可以对古今中西之历史观念有大概的了解。徐则陵在《史之一种解释》一文中将历史观念表达为"史之解释",即"学者对于人类活动

---

① 包括当时北京、天津、保定、奉天、吉林、龙江、济南、太原、开封、郑州、西安、南京、杭州、兰溪、安庆、芜湖、南昌、汉口、长沙、常德、衡州、成都、卢县、重庆、福州、广州、潮州、香港、梧州、云南、贵阳、张家口、新加坡等地。

意义之研究"。他分别对以孟德斯鸠为开端的地理环境决定论(自然派)和马克思创导的唯物史观(史的经济解释派)做出了自己的评价,认为"自然派谓人类活动受自然环境之影响,其言亦有至理,然谓据此一端即可解释人事之变更及发展则未免武断",气候和土壤不足以概括自然界的所有,而且,自然界的影响更多局限于人类社会的开端。这种对地理环境对人类社会的影响的认识具有一定的合理性。然而,对于唯物史观,作者却简单地将之理解为"一切人类活动之源于物质需要",并列举人类诸多精神生产活动加以反驳,显然是错误的,并未深究唯物史观的真正内涵。由此,作者由唯物走入唯心,认为"人类活动以主观的势力为主要原因",服膺于穆勒(Mill)等人的唯心史观,主张从个己或群众心理出发来解释历史①。

陈训慈《史学观念之变迁及其趋势》一文则最具系统性和代表性。陈氏将古今中外之历史观念概括为美术史观、宗教史观、道德史观、政治史观、哲学史观、个人史观、科学史观、社会史观、经济史观、地理史观、综合史观。这里显然他将历史的观念与史学的观念混为一谈,如其所谓的美术史观、道德史观、政治史观、哲学史观、社会史观等都属于史学观念的范畴,谈的是史学的文学性、道德教化功能以及鉴戒功能等问题。虽如此,他从人类以何种的角度观察历史出发,对各种观念进行了各有臧否的评判,认为只有以一种综合的角度去观察历史,"为史学最公允恰当之解释"(这里所谓"史学"当指历史),主张综合史观,对于各种史观皆予以认可,"归纳各方面的原因以说明史实","博采众见,而不陷于一偏也"②。缪凤林则从历史与哲学的角度来考察了这一问题,他强调了历史认识的相对性,认为史家认识"史之公例",有三个方面的困难:"1、人心至难捉摸,不能谓人人遵一轨道进行;2、古今史料破碎不全,又皆不可尽信,将欲证明,其难可知;3、历史事实,乃'螺旋式之运

---

① 徐则陵:《史之一种解释》,《史地学报》,第一卷第一期,1921年。
② 陈训慈:《史学观念之变迁及其趋势》,《史地学报》,第一卷第一期,1921年。

动'(spiral movement),有无限之进步,而其进也不可知也。"他否认了黑格尔对历史发展提出的正、反、合之说,同时对于唯物史观,也认为只能解释历史的一部分,他说:"二氏之说,皆难谓史之公例,现今史之公例,为史家所公认者,曰'史之绵延'(Continuity of history)"[1]。

此外,《史地学报》还连载了胡焕庸译《各国历史所受地理之支配》(费尔格雷夫 J.Fairgrieve 原著)(第 1 卷 4 期,第 2 卷 2、3、5、6 期)一书,使学人对地理环境对历史发展的影响从史学观念走向具体的研究有了一定的了解。

综观上述观点,《史地学报》与西方史学思潮的鼎故革新相关,是建立在西方史学思潮背景下展开讨论的。在 19 世纪末 20 世纪初期,实证主义史学思潮受到相对主义的挑战,新史学思潮逐渐成为主流,他们强调历史的相对性,强调用社会学的方法对历史进行多角度的研究,同时马克思主义在这一时期也得到更加广泛的宣传。因此,面对西学冲击的中国史家不可避免地参与到了这一过程中。《史地学报》从创刊起就注意到了对这些问题的讨论,并对此做了介绍与批评。对于中国史学界认识了解国际学术潮流起了宣传与推动作用,对于学人进一步从传统的宗教史观、英雄史观等观念中摆脱出来也起到了作用。可以这样认为,无论他们所选择的观念正确与否,其展开的宣传与讨论,对于处于资产阶级时期的史学发展功不可没。同时,我们应该将文化观念与历史观念区分开来,由于他们对待传统文化的宽容态度,而对新文化运动更多地采取批评的态度,简单地将《史地学报》之群体的历史观念划归为保守是不符合实际的。

---

[1] 缪凤林:《历史与哲学》,《史地学报》,第一卷第一期,1921 年。

二 史学价值观念的转变

中国传统史学价值观念主要为鉴戒，史学为政治服务，成为帝王家谱、王权附庸。早在19世纪末期，随着进化论的传播，梁启超就提出"历史者，叙述人类进化之现象也"；"历史者，叙述人类进化之现象而求得其公理公例者也"①，从而开启了近代史学观念变迁的先河，五四以后，这一问题主要表现在对历史学学科性质的认识上，历史学是一门怎么样的学科？研究历史的目的是什么？有什么样的功用？

对于这些问题，《史地学报》也进行了讨论。其中，缪凤林的《研究历史之方法》(第1卷第2期)、《历史之意义与研究》(第2卷第7期)，陈训慈的《历史之社会的价值》(第1卷第2期)、《史之蠡测》(第3卷第1—2期)等文章对此有较多的讨论。历史学是否是一门科学？缪凤林、陈训慈二人对此既肯定了二者的联系又强调了它们的区别。缪凤林认为：自然科学"皆可就事实之进行时而直接观察之"，史学则"只能间接考察其所幸存之活动之结果"，"科学求同，史学求异"，所以"史学非观察之科学，固可断言者"②。陈训慈则从三个方面指出了自然科学与人事的不同：1.自然现象可任意分析、综合，"人类自个别事实以外，实有强烈不可离析之全体性"；2."自然界无精神的原动力，人事演进则全以心理为其主原"；3.自然现象可往复实验，发现规律，人事"前者已逝，后者未来"，"安得断定人事之常例？"③因此他们认为从研究手段及客观对象来看，历史学与自然科学存在着一定的差异，虽然如此，他们并非否认了历史学的科学性，从科学精神来讲，历史学是一门科学。

---

① 梁启超：《新史学》，《饮冰室合集·文集之九》，北京：中华书局，1989年，第7—11页。
② 缪凤林：《研究历史之方法》，《史地学报》，第一卷第一期，1922年。
③ 陈训慈：《史之蠡测》，《史地学报》，第三卷第一、二合期，1924年。

陈训慈分析说：1.史家证史，必根据史料，寻求事实，崇尚证据，谨于判断，即"真正科学家之治学精神也"；2."史家既以科学方法治史，固已与科学家交相携手，而沉浸于科学性之中矣。"；3."史家求公例之企图，虽万难当前，犹当奋进不挠，于可能范围中求其成效，此则公例之寻求，又史学之近于科学者。"①因此他们不愿意纠缠于字面上的论争，而是希望本着科学的精神来研究历史。正如陈训慈指出："盖史之近于科学之点，既因研究而益明，吾人但明此同异之理，以治史学，自能无损于史，其名为科学与否，正复无关轻重。且十数年来，各学科之本不以科学名者，今多以其应用科学方法而戴科学之冠。则'科学'一字，范围已甚宽广，如是而目史为科学庸有何伤？若必以狭义释'科学'，则吾人宁不界史以科学之名，以示别于自然科学。"②这种对历史学学科性质的认识，影响到了他们对史学价值的认识。

缪凤林认为历史是不断前进的，因此治史的目的也随着时代的变化而变化，中国古代史家的史学价值观念基本为"述往思来"、"畜德日新"，这显然不符合时代的需要。他引述英国史家威尔斯（H.G.Wells）的观点，认为治史应该是"以全世共同之历史观念，谋全世共同之和平幸福"。但是要达到这一目的，其途径就是求真。他说："旨真而后有信史，而后有真正之共同历史观念之可能，威尔斯之理想，或有实现之可能。夫史为演化，史之真，亦为逐渐发达之程序。治史既以旨真，换言之，即一切文物其发生、其生长、其发达演化之迹，皆当尽其可能，以解答之而已。"③陈训慈则认为史学的价值包含如下几个方面：1.丰富人类文化知识，"促进文化之进步"；2.影响人类的心理，其中包括广大之观念、伦理的价值、超功利、生活之慰藉等；3.对社会进化之指导，可以借鉴前人的经验加以利用，避免前人的错误；4.促进人类共同了解，"大

---

① 陈训慈：《史之蠡测》，《史地学报》，第三卷第一、二合期，1924年。
② 陈训慈：《史之蠡测》，《史地学报》，第三卷第一、二合期，1924年。
③ 缪凤林：《研究历史之方法》，《史地学报》，第一卷第二期，1922年。

同之实现,唯历史堪任其先驱"①。这些认识显然超越了传统史学的价值观念,史学不再以封建国家和个人为中心,而是转向了全体社会和人类。此外,陈训慈还摘译了美国史家赫尔(Howard.C.Hill)发表在美国史学杂志《史眺杂志》(Historical outlook)上"History for History's sake"(1921年12月)一文,该文批判了将历史学作为激励爱国心和促进伦理教化之工具的史学价值观念,认为这些为史学的附属功能,而"史之所以为史者,自必有其历史性",重要的是培养人们的历史意识②。

《史地学报》刊载关于缪凤林、陈训慈等人关于史学价值观念的讨论文章之际,正值中国近代史学的转型时期,是继梁启超之后,对中国传统史学价值观念进一步的冲击,在近代中国史学学科特性的确立过程中起了重要作用,推动了近代中国史学的转型。

三 选题指向的转变

历史观念及史学价值观念的转变必然带来史学研究问题意识的转变,面对同样的历史,史家会从不同的角度来考察,得出不同的结论,同时也会提出以往被忽视的问题,这可以说是史学研究范式转型的具体内容所在。

从《史地学报》所载研究性的论文和译文来看,史学研究者的问题意识变得广阔,涉及到中外政治、经济、文化、地理、风俗、交通、科技等各个方面,不再囿于单一政治事件的考察。同时在具体的研究过程中也摆脱了传统史学的说教和鉴戒意识,力求以事实为据,探求历史的真

---

① 陈训慈:《历史之社会价值》,《史地学报》,第一卷第二期,1922年。
② 陈训慈译,赫尔著(Howard C.Hill):《历史之价值》,《史地学报》,第二卷第四期,1923年。

实。其具体表现在如下几个方面：

第一，打破经史悬隔，以经证史，彻底摆脱上古为理想社会的传统观念，对三代社会从政治、经济、文化等各个方面做出了考察。在这方面刊载的文章有：《易之国家观》(1卷2期)、《唐虞夏商祭祀考》(1卷3期、2卷3期)、《柏拉图理想国与周官》(1卷1期)、《周幽王时代国家社会概况》(1卷2—3期)、《周代商业及交通》(2卷5期)、《夏商二代学者考略》(2卷7期)、《大夏考》(2卷8期)、《商尚质证》(2卷8期)、《儒家所言尧舜禹事伪邪真邪》(2卷8期)、《周代教育之研究》(3卷1、2期合刊)、《周代丧制概略》(3卷5期)、《诗经篇中所见之周代政治风俗》(4卷1期)等；

第二，确立了世界史意识，注重对世界历史的考察，摆脱了以中国为人类历史中心的观念，从人类社会整体上来看待历史的发展。这方面的文章有：《朝鲜亡国原因与将来之推测》(1卷3—4期)、《菲尼基通商殖民史》(1卷1期)。《欧洲大学起源考》(2卷1期)、《婆罗门述》(2卷5期)、《希印古代交通考》(2卷6期)、《日本藤原氏与春秋世族之比较》(3卷5期)、《中古大学及其精神》(3卷5期)、《印度摩揭陀孔雀王朝略纪》(3卷8期)、《希腊文化蠡测》(3卷8期)等；

第三，关注学术发展动向，积极地参与了学术讨论，不仅发表了自身的研究成果，同时还转载了相关问题讨论的文章。以其时兴起的"古史辨"为例，发表的文章就有：《儒家所言尧舜禹事伪邪真邪》(2卷8期)、《读顾颉刚君与钱玄同先生论古史书的疑问》(3卷1、2期合刊)、《论以说文证史必先知说文之谊例》(3卷1、2期合刊)、《与顾颉刚讨论古史第二书》(3卷3、4、6期)、《讨论古书答刘胡二先生书》(3卷3、4、6期)、《研究国学应该首先知道的事》(3卷3期)、《古史讨论的读后感》(3卷6期)；

第四，加强中西史学的沟通，关注西方史学动态，积极翻译西方史学理论及史学研究成果，如张其昀译美国学者葛立芬著《美国人之东方史观》(1卷1期)、诸葛麒译《芬兰述略》(1卷1期)、徐则陵论《近今西洋史学之发展》(1卷2期)、向达译《俄国革命时历史研究之状况》(2卷6期)等文章都是对西方历史、历史理论及史学研究成果关注的表现。此外,在"书报绍介""新书绍介""史界消息"等栏目中更是对此有较多的关注。

四 近代史学学术成果表述方式的初步建立

近代史学学术成果表达方式的建立是在中西学术碰撞下逐步确立的。既有西方学术表达方式的影响,同时也暗合中国传统史学中既有的学术传统。《史地学报》作为早期的专业性史学期刊,在推进近代史学学术研究成果表述方式的建立过程中起到了积极的促进作用。下面分两个方面来讨论:

首先,进一步确立了学术论文写作形式。中国传统史学成果主要以著述的形式流传,史家专注于历史的记述、考证、缀补及改编,多以短篇札记和考证开始,然后汇集成书。南宋袁枢《通鉴纪事本末》以纪事本末体集中叙述一件事情,始有历史问题的专题意识,至清代,以赵翼《廿二史札记》为代表运用归纳的方法,集中举例论证同一观点,已与近代学术论文形式相似。在近代史学转型的过程中,选题指向的转移、问题意识的多样化使得传统专一记述的著述形式已经容纳不下诸多的内容,史学研究必然走向专题化、问题更加集中,以问题为中心的专题研究成为史学研究的必然模式,而传统的札记、考证等写作形式正符合这一需要,因此,就写作技术而言,中国史家与世界学术的交流并没有太大的困难。《史地学报》作为专业性的史学期刊,为这些专题性的考证文章的发表提供了机会。在《史地学报》"研究"一栏中发表了许多以"考"命名的文章,如《车战之制考》(1卷3、4期)、《唐虞夏商祭祀考》(1

卷3期、2卷3期)、《蜀汉开辟南蛮考》(1卷3、4期)、《中国妇女缠足考》(3卷3期)等等,这些文章编者将他们列入"研究"一栏,显然是将其视为学术研究成果。此外,一些不以"考"名之的文章,如《汉人之生计》(1卷2期)、《周幽王时代国家社会概况》(1卷2—3期)、《周代商业及交通》(2卷5期)、《周代教育之研究》(3卷1、2期合刊)、《周代丧制概略》(3卷5期)、《诗经篇中所见之周代政治风俗》(4卷1期)等,都是以一个问题为中心展开的考证和论述,与现代学术论文没有什么差别。总体而言,《史地学报》的创刊及其刊载相关史学研究成果,对近代中国史学学术论文写作形式的逐步确立奠定了基础。

其次,对于学术规范的初步意识。学术研究成果的表述除了写作形式外,也要求相应的学术规范。《史地学报》虽然作为较早创办的史学专业期刊,但对此也给予了一定的注意。以徐则陵《史之一种解释》为例,徐氏对于所引的原文都加以引号标示,对引述的观点也给予注释,并在页脚给出出处和页码,已和现代论文的注解相当,充分体现了作者对学术的严谨性的态度。又如缪凤林在《历史与哲学》一文中的注释,其中内容虽然为转引,但作者也强调"详见南高教授柳翼谋著《中国文化史》第十五章,此段论忠,全系摘录彼书"[①],这里虽不免有对其师崇拜之嫌,但也体现了作者实事求是的态度。当然这种严密的注释并非普遍现象,更多地是给予解释性的注释,为文章的进一步说明。此外,中国传统的注释引用方式也被继承了下来,在文章中直接标明某某书,然后引出证据。这些都标示着中国史学由传统走向近代的艰难历程,混杂着中西合璧的产物。尽管如此,《史地学报》在这些方面的有益尝试,对推动中国史学尽早的确立学术规范还是有一定意义的。

---

① 缪凤林:《历史与哲学》,《史地学报》,第一卷第一期,1921年。

结　语

　　20世纪二三十年代中国史学取得了较大的发展,各种流派竞相角逐,不同的学术团体、研究机构此起彼伏,学人之间或相得益彰、或唇枪舌战,史学期刊亦随之得以广泛创办,它们与近代史学的发展相依存,不仅记录了近代史学的发展面貌,本身亦参与其中。不论成败,它们一起描绘了近代史学的多维画卷。

　　五四前中国报刊业得到了大力的发展,并且逐步产生了专业化与学术化意识,这种专业化与学术化意识的结合促成了近代史学期刊的产生。中国近代史学期刊产生于20世纪20年代初期,其中,最早的史学期刊为史地类期刊,以北京高师创办的《史地丛刊》和南京高师创办的《史地学报》为代表。20年代末期,历史语言类期刊出现,以国立第一中山大学语言历史研究所创办的《国立第一中山大学语言历史学研究所周刊》和中央研究院历史语言研究所创办的《中央研究院历史语言研究所集刊》为代表。至1929年以燕京大学创办的《史学年报》为开端,专门刊载史学论文的期刊开始出现,史学期刊在30年代得到了大力的发展,至1937年止,共计创办史学期刊15种,纯史学期刊的发展最终导致了30年代中期以《禹贡》半月刊和《食货》半月刊为代表的专门史类史学期刊的产生。这一发展历程充分表明了史学期刊的不断发展和完善,应该说,史学期刊由20世纪20年代初期的草创,发展至30年代才逐步成熟。

　　史学期刊是反映史学现状及其研究成果的有效平台,20世纪二三十年代史学期刊的兴起与发展,是其时史学发展的真实体现,在一定程度上反映了史学发展的面貌。纵观这一时期史学期刊的发展,表现出如下几个方面的特点:第一,发行时间大都较为短暂。刊物的发行需要一定的资金支持和稳固的学术环境,而学术期刊因为自身的局限性,相对报纸等媒介受众面较小,仅通过刊物自身的发行销售来维持刊物的运作具有一定的难度,因此,20世纪二三十年代发行的史学类刊物基本上不支付作者稿酬,学人也视创办刊物为畏途。因此,其时诸多刊物维持发行的时间并不长,多则几年,如《史地学报》《史学年报》等刊物,少则只是发行创刊号即停刊,如《史学丛刊》《史学专刊》《历史学报》等刊物,其中,只有《历史语言研究所集刊》因为有固定的资金来源能维持正常的出版。第二,大都依托于一定的学术机构或组织。现代大学和学术机构的成立是近代以来的事情,作为一种新的学术现象对史学研究产生了非常重要的影响,促进了史学研究的集团化和系统化。从早期依托于南京高师创办的史地学会到20世纪30年代史学会的广泛成立,这些史学会主要集中在大学和地方性及其全国性的学术机构之中,史学会以创办刊物、展示史学研究成果为主要目的,而史学期刊的创办也促进了史学会的发展。其中,南京高师、北京高师、中山大学、燕京大学、中央研究院历史语言研究所等机构都为史学期刊的发展提供了有利的平台。第三,逐步专门化。从20世纪20年代初期史地类期刊的兴起至后来历史语言类期刊的产生,再至20世纪30年代纯史学类刊物的大量创办,最终导致了专门史类史学期刊的产生。这一发展历程说明史学由早期的史地、历史语言并提,逐步向专业化过渡,随着史学的不断深化发展,史学的学科性质也不断得以加强。至梁启超提倡新史学以来,中国学人不断致力于中国史学的转型,这一转型从理论到实践,迟至20世纪30年代才得以实现。

  史学期刊作为一种新的学术建制是近代报刊业发展的结果,也是近代史学发展的客观需要和必然结果,是近代史学发展的有机组成部分。同时,作为一种新的学术传播媒介,通过刊载史学论著和国内外史学研究动态和消息,在一定程度上导引着近代史学的发展方向,对近代史学产生了诸多方面的影响：

首先，史学期刊起到了传播西方史学的作用，促进了中西史学的融汇。史学期刊与书籍的出版相比，拥有迅捷、及时、覆盖面广等特点，其大量的创办使得中国学者对西方史学的传播有了相对固定的平台。他们不仅关注西方史学的发展历程和研究现状，而且对于西方学者中国史研究成绩也非常关注。《史地学报》《史学年报》《史学杂志》《史学丛刊》《史学与地学》《历史教育》等期刊都刊登过有关西方史学发展历程和研究现状的论文和消息。而《史地学报》《史学与地学》《史地半月刊》《史学杂志》《史学年报》《史学丛刊》等刊物都对西方学者中国史学研究成绩有所关注，其中，最为瞩目的为《食货》杂志对日本学者中国经济史研究的译介和《史学消息》对西方学者汉学研究成绩的系统介绍。通过史学期刊对西方史学的传播，一方面为中国史学输入了新的史学建制和学理，拓展了国人的学术视野，同时也刺激了中国史学逐步融入世界学术发展潮流。

其次，培养了一大批史学研究人才，加强了对历史教育的探讨与革新。20世纪二三十年代创办的史学期刊大都依托于大学或学术研究机构，这些机构往往以研习史学为目组成的带有研究性的学术组织，其成员以机构所属师生为主，编辑发行史学期刊是其主要的工作。通过师生共同创办史学期刊，逐步形成了一种以创办刊物为主的史学人才培养模式，学生或尝试编辑史学刊物，或在史学期刊中发表自己的研习成果，不仅有利于师生间的学术交流，扩大学生的学术视野，而且提升了学子对史学研究之兴趣，对于青年学子走上史学研究道路起到了重要的作用。除了通过创办史学期刊对人才的培养外，史学期刊还刊登了大量有关历史教育问题的论文，对五四后历史教育的革新、新的史学人才培养模式进行了探讨，其中以《史地丛刊》《史地学报》《历史教育》三种期刊最具代表性。

第三，促成了史学思潮和史学流派的形成。一定时期内史学期刊的总体数量及其影响反映了史学发展的不同面貌，20世纪二三十年代学人以一个或者多个刊物为中心，联系起一批学者，逐步形成了某一具有共同观念的学人群体，而刊物则成为他们发表研究成果的重要基地。其中《史地学报》《中央研究院历史语言研究所集刊》《禹贡》《食货》等一批刊物是其典型代表，围绕这些刊物形成了诸多的史学流派，对近代中国史学的发展产生了重要的影响。

第四，进一步确立了史学研究公共领域的形成。应该说通过报刊这一媒介，史学研究的公共领域在五四前后已经具备了一定的雏形，但这些刊物并非专门性质的学术专业性刊物，不可能完全刊载史学文章，史学文章在其中只能占据一小部分内容（不同的刊物有不同的标准），而史学的发展需要有专门性质的专业性史学期刊来作为史学研究的阵地。20世纪二三十年代大量史学期刊的创办与兴起正是这种需求的反映，"廿年代与卅年代之学术期刊中，以史学刊物为最多"[①]。专业性的史学期刊与以往报刊和同时期的各种刊物具有不同的特点，其关注的重点是史学，以力图反映和宣传历史学研究与发展的成果为目的，以促进历史学科的建设为宗旨。从而进一步促进了史学研究的深入和发展，热烈的学术讨论开始出现，学术研究成果也不再"藏之名山"，努力发表自己的研究成果成为学者追求的目标，史学研究的公共领域得以真正确立，史学研究成果具备了可靠的机制性表达。

第五，促进了近代中国史学研究范式的的转型。学术转型除了学理意义上的诱因外，文化传播条件改进亦会对之产生促进作用。近代史学类期刊的创办与发展，引领了史学发展潮流，史学期刊作为发表史学学术成果的新型载体，以与传统媒介所不具有的时效性、覆盖面广等优势，在推动史学研究中历史观念、史学价值观念、选题指向的转变以及逐步建立近代史学学术成果的表述方式等方面发挥了积极的作用。

---

① 汪荣祖：《五四与民国史学之发展》，见杜维运、陈锦中编《中国史学史论文选集三》，台北：华世出版社，1985年，第509页。

然而，总的看来，20世纪二三十年代创办的史学期刊存在的时间大都较为短暂，且多数刊物的影响不大，其原因主要是因为缺乏固定资金作为出版发行的支持和稳固的学术环境，这些都在一定程度上影响了期刊作为一种新的学术建制对学术发展的作用。以史鉴今，我们不得不注意到在电视、网络等更加直观快捷的新式媒介出现的今天，如何更加有效地利用这些媒介促进史学的发展是值得我们深思的课题，笔者以为这其中至少包含以下几个方面的内容：第一，史学研究与大众文化的关系问题；第二，史学学术资源的利用与整理问题；第三，在新的媒介承载下，新的学术规范的建制问题，这些问题都是我们不得不面对的课题。

参考文献

论著：

梁启超:《中国历史研究法》,上海:上海古籍出版社,1998年。
金毓黻:《中国史学史》,石家庄:河北教育出版社,2000年。
顾颉刚:《当代中国史学》,上海:上海古籍出版社,2002年。
顾颉刚:《古史辨》(第一册),上海:上海古籍出版社,1982年。
白寿彝主编:《史学概论》,银川:宁夏人民出版社,1983年。
白寿彝:《中国史学史论集》,北京:中华书局,1999年。
杨翼骧:《杨翼骧中国史学史讲义》,天津:天津古籍出版社,2006年。
杨翼骧:《学忍堂文集》,北京:中华书局,2002年。
瞿林东:《中国古代史学批评纵横》,北京:中华书局,1994年。
瞿林东:《史学与史学评论》,合肥:安徽教育出版社,1998年。
瞿林东:《中国史学史纲》,北京:北京出版社,1999年。
瞿林东:《白寿彝史学的理论风格》,开封:河南大学出版社,2002年。
·瞿林东:《中国史学理论的遗产》,北京:北京师范大学出版社,2005年。
陈其泰:《中国近代史学的历程》,郑州:河南人民出版社,1994年。
陈其泰:《史学与民族精神》,北京:学苑出版社,1999年。
陈其泰:《史学与中国文化传统》,北京:书目文献出版社,1992年。
陈其泰:《范文澜学术思想评传》,北京:北京图书馆出版社,2000年。

陈其泰、刘兰肖:《魏源评传》,南京:南京大学出版社,2005年。

吴怀祺:《中国史学思想史》,合肥:安徽人民出版社,1996年。

吴怀祺主编:《中国史学思想通史》(近代前卷),合肥:黄山书社,2002年。

吴怀祺主编:《中国史学思想通史》(近代后卷),合肥:黄山书社,2002年。

乔治忠:《清朝官方史学研究》,台北:文津出版社,1994年。

乔治忠、姜胜利:《中国史学史研究述要》,天津:天津教育出版社,1996年。

姜胜利:《清人明史学研究》,天津:南开大学出版社,1997年。

张国刚、乔治忠:《中国学术史》,上海:东方出版中心,2002年。

蒋俊:《中国史学近代化的进程》,济南:齐鲁书社,1995年。

吴泽主编:《中国近代史学史》,南京:江苏古籍出版社,1989年。

许冠三:《新史学九十年》,长沙:岳麓书社,2003年。

蒋廷黻:《蒋廷黻回忆录》,长沙:岳麓书社,2003年。

高国抗、杨燕起主编:《中国近代史学史概要》,广东高等教育出版社,1994年。

曹家齐:《顿挫中的嬗变——20世纪中国的历史学》,北京:西苑出版社,2000年。

姜义华、瞿林东、赵吉惠:《史学导论》,上海:复旦大学出版社,2003年。

马金科、洪京陵编著:《中国近代史学发展叙论(1840——1949)》,北京:中国人民大学出版社,1994年。

尹达主编:《中国史学发展史》,郑州:中州古籍出版社,1985年。

宋瑞芝等主编:《西方史学史纲》,开封:河南大学出版社,1989年。

罗志田:《20世纪的中国:学术与社会》(史学卷),济南:山东人民出版社,2001年。

罗志田:《近代中国史学十论》,上海:复旦大学出版社,2003年。

罗志田:《国家与学术:清末民初关于"国学"的思想论争》,北京:三联书店,2003年。

罗志田:《乱世潜流:民族主义与民国政治》,上海:上海古籍出版社,2001年。

桑兵:《晚清学堂学生与社会变迁》,上海:学林出版社,1995年。

桑兵:《清末新知识界的社团与活动》,北京:三联书店,1995年。

桑兵:《国学与汉学:近代中外学界交往录》,杭州:浙江人民出版社,1999年。

俞旦初:《爱国主义与中国近代史学》,北京:中国社会科学出版社,1996年。

雷家骥:《中古史学观念史》,台北:台湾学生书局,1991年。

余英时:《犹记风吹水上鳞——钱穆与现代中国学术》,台北:三民书局,1991年。

王煦华编:《颉刚先生学行录》,北京:中华书局,2006年。

王学典主编:《述往知来——历史学的过去、现状与前瞻》,济南:山东大学出版社,2003年。

张岂之:《中国近代史学学术史》,北京:中国社会科学出版社,1996年。

陈平原:《中国现代学术之建立》,北京:北京大学出版社,1997年。

胡逢祥、张文建:《中国近代史学思潮与流派》,上海:华东师范大学出版社,1986年。

刘泽华:《近九十年史学理论要籍提要》,北京:书目文献出版社,1991年。

[德]罗梅君著、孙立新译,《政治与科学之间的历史编纂——30和40年代中国马克思主义历史学的形成》,济南:山东教育出版社,1997年。

陈以爱:《中国现代学术研究机构的兴起:以北大研究所国学门为中心的探讨》,南昌:江西教育出版社,2002年。

盛邦和:《东亚:走向近代的精神历程——近三百年中日史学与儒学传统》,杭州:浙江人民出版社,1995年。

[美]施拉姆(Schramm.W)著,金燕宁等译:《大众传播媒介与社会发展》,北京:华夏出版社,1990年。

[英]马歇尔·麦克卢汉(Marshall Mcluhan)著,叶明德译:《传播工具新论》,台北:巨流图书公司,1987年。

盛邦和:《解体与重构:现代中国史学与儒学思想变迁》,上海:华东师范大学出版社,2002年。

桂遵义:《马克思史学在中国》,济南:山东人民出版社,1992年。

杜维运、陈锦中编:《中国史学史论文选集三》,台北:华世出版社,1985年。

罗荣渠:《现代化新论》,北京:北京大学出版社,1993年。

陈平原、山口守:《大众传媒与现代文学》,北京:新世界出版社,2003年。

陈玉申:《晚清报业史》,济南:山东画报出版社,2003年。

方汉奇:《中国近代报刊史》,太原:山西教育出版社,1981年。

方汉奇:《中国新闻事业通史》(第一卷),北京:中国人民大学出版社,1992年。

方汉奇:《中国新闻事业通史》(第二卷),北京:中国人民大学出版社,1996年。

戈公振:《中国报学史》,北京:三联书店,1955年。

宋军:《申报的兴衰》,上海:上海社会科学院出版社,1996年。

杰弗里·巴勒克拉夫著,杨豫译:《当代史学主要趋势》,上海:上海译文出版社,1987年。

梁启超:《中国近三百年学术史》,天津:天津古籍出版社,2003年。

朱维铮编:《周予同经学史论著选集》,上海:上海人民出版社,1983年。

顾潮编:《顾颉刚学记》,北京:三联书店,2002年。

顾潮:《历劫终教志不灰——我的父亲顾颉刚》,上海:华东师范大学出版社,1997年。

彭明辉:《历史地理学与现代中国史学》,台北东大图书出版有限公司,1995年。

王永兴:《陈寅恪先生史学述略稿》,北京:北京大学出版社,1998年。

王学典:《20世纪中国史学评论》,济南:山东人民出版社,2002年。

李楠:《晚清、民国时期上海小报研究》,北京:人民文学出版社,2005年。

王林:《西学与变法——〈万国公报〉研究》,济南:齐鲁书社,2004年。

[日]佐藤卓己著、诸葛蔚东译:《现代传媒史》,北京:北京大学出版社,2004年。

[英]尼古拉斯·加汉姆著、李岚译:《解放·传媒·现代性——关于传媒和社会理论的讨论》,北京:新华出版社,2005年。

李勇:《鲁滨逊新史学派研究》,合肥:安徽人民出版社,2004年。

蒋晓丽:《中国近代大众传媒与中国近代文学》,成都:巴蜀书社,2005年。

齐家莹:《清华人文学科年谱》,北京:清华大学出版社,1999年。

周文玖:《中国史学史学科的产生和发展》,北京:北京师范大学出版社,2002年。

哈贝马斯著,曹卫东译:《公共领域的结构转型》,上海:学林出版社,1999年。

《二十世纪中国史学名著叙录》,石家庄:河北教育出版社,

2002年。

《市场经济与期刊文献开发——全国高等学校图书馆第五次期刊工作学术研讨会论文集》,武汉:武汉大学出版社,1995年。

吕思勉:《吕思勉遗文集(上)》,上海:华东师范大学出版社,1997年。

庄俞、贺圣鼎:《最近三十五年之中国教育》,上海:商务印书馆,1931年。

期刊:

《史地学报》:1921-1922,1923-1924,1924-1925,上海,南京高等师范史地研究会,共六册。

《史地丛刊》:1922,1923,上海,北京高等师范学刊,共一册。

《史地研究》:1924年,双月刊,北京直隶省立第三中学史地研究会,共两册。

《史学与地学》:1926-1928,季刊,上海,中国史地学会。

《史地社会论文摘要月刊》:1934-1935,1936,1937,上海大夏大学史地社会研究室,三册。

《史地半月刊》:1936,北京史地补充教材编译社,一册,创刊号。

《史地杂志》:1937,1941,贵州遵义国立浙江大学史地学系,季刊,共三册。

《史料旬刊》:1930-1931,北平,故宫博物院文献馆,共两函。

《史学年报》:1929-1933,1934-1937,1940,北平,燕京大学历史学会,共四册。

《史学杂志》:1929,1930-1931,双月刊,南京,中国史学会,共两册。

《史学》:1930,1933,上海国立中央大学史学系,共一册。

《史学消息》:1936-1937,北京,燕京大学历史系,史学消息编委会,共七册。

《史学专刊》:1935—1936,广州,国立中山大学出版部,一册。

《师大史学丛刊》:1931年6月6日第一卷第一期,北平国立师范大学史学会。

《史学集刊》:1936—1937,1944,1950,北平,国立北平研究院总办事处,共三册。

《成大史学杂志》:1929年创刊,成都大学史学研究会主办。

《现代史学》:1934年创刊,国立中山大学主办。

《史学》:1935年创刊,国立北京大学史学社主办。

《史学论丛》:1935年创刊,北京大学潜社主办。

《历史学报》:1936年创刊,国立武汉大学史学会主办,共一册。

《历史教育》:季刊,北平师大史学会编审会,和平印书局,第1、2期,1937年,共两册。

《治史杂志》:北京,国立北京大学史学会,1937年,共两册。

《史学专刊》:1936年,共一册。

《中央研究院历史语言研究所集刊》:国立中央研究院,1928年—1949年,共35册。

《国立第一中山大学语言历史研究所周刊》:1927—30,共九册。

《食货》:上海,新生命书局,1934、35、36、37年,共12册。

《禹贡》:半月刊,北平,禹贡学会,顾颉刚、谭其骧,1934—1937年,共十八册。

论文:

金静庵:吾国最近史学之趋势,新民族,第3卷第11—16期,1939年2月。

周予同:五十年来中国之新史学,学林第4期,1941年2月。

齐思和:近百年来中国史学的发展,燕京社会科学,1949年第2卷。

汤志钧:近代史学和儒家经学,学术月刊,1979年第3期。

周朝民:戊戌变法后的中国历史教科书,史学史研究,1983年第4期。

张文建:试论近代章节体史书的兴起,历史教学问题,1984年第5期。

胡逢祥:论辛亥革命时期的国粹主义史学,历史研究,1985年第5期。

俞旦初:二十世纪初年中国的新史学思潮初考,史学史研究,1982年第3期。

俞旦初:中国近代最早的史学会——湖北史学会初考,近代史研究,1986年第6期。

俞旦初:中国近代史学界对历史和科学的关系问题的最初提出,史学理论,1987年第1期。

陈其泰:论近代史家对传统史学的扬弃,中国史研究,1987年第1期。

马金科:近代中国社会思潮的演变与史学的发展,中国人民大学学报,1987年第4期。

姜义华:从"史官史学"走向"史家史学":当代中国历史学家角色的转换,复旦学报,1995年第3期。

周祥森:新旧中西的冲突:关于学术规范讨论的思考,史学月刊,2003年第10期。

汪维真:研究性论文之学术史的撰写与学术规范——以史学类论文为中心,史学月刊,2003年第10期。

张越、叶健:近代学术期刊的出现与史学的变化,史学史研究,2002年第3期。

李春雷:史学期刊与中国史学的现代转型——以20世纪二三十年代为例,史学理论研究,2005年第1期。

郑师渠:学衡派史学思想初探,北京师范大学学报,1998年第4期。

董丛林:晚清社会传闻盛行的信息环境因素说略,河北师范大学学报,2005年第1期。

桑兵:晚清民国时期的国学研究与西学,历史研究,1996年第5期。

肖华峰:美国黑幕揭发运动:大众化杂志、进步知识分子与公众舆论,历史研究,2004年第4期。

欧阳军喜:论"中国近代史"学科的形成,史学史研究,2003年第2期。

田小飞:科学融入近代中国的历史进程,社会科学辑刊,2004年第5期。

何平:对中国史学的传播学思考,华侨大学学报,2003年第3期。

桑兵:近代中国学术的地缘与流派,历史研究,1999年第3期。

李勇、鄢可然:《史地学报》对鲁滨逊新史学的传播,淮北煤炭师范学院学报,2003年第6期。

沈卫威:《史地学报》及其文化立场,史学月刊,2004年第3期。

张越:学衡派对历史学性质的探讨及其影响,哈尔滨工业大学学报,2000年第4期。

罗志田:西方学术分类与民初国学的学科定位,四川大学学报,2001年第5期。

刘俐娜:20世纪20年代中国史学界对历史的认识,史学理论研究,2003年第1期。

张越:20世纪中国史学方法的发展和演变,学术研究,2001年第12期。

阮兴:陶希圣与《食货半月刊》,兰州大学学报,2005年第2期。

胡凤祥:中国现代史学的制度建设及其运作,郑州大学学报,2004

年第 2 期。

马永强：近代报刊文体的演变与新文学，晋阳学刊，2000 年第 2 期。

陈其泰：西学传播与近代史学的演进，北京师范大学学报，2004 年第 3 期。

郑军：略论 19 世纪中国人对报纸舆论传播功能的认识，烟台师范学院学报，2002 年第 4 期。

王东：实证主义与近代中国史学，河北学刊，2001 年第 2 期。

王建辉：思想文化史上的近代出版，武汉大学学报，1999 年第 1 期。

肖宏发：中国近代史学产生的社会背景与学术因缘，广西社会科学，1997 年第 5 期。

罗志田：走向国学与史学的"赛先生"（之一）——五四前后中国人心目中的"科学"一例，近代史研究，2000 年第 3 期。

盛邦和、何爱国：中国现代史学三流派及形成的社会原因，史学理论研究，2003 年第 4 期。

王学典：十九世纪的自然科学与历史学：塑造、同化与区别，山东社会科学，2004 年第 2 期。

张越：五四前后新历史考证学兴起原因初探，人文杂志，2003 年第 6 期。

张越：五四时期：现代史学的初步建立，东岳论丛，1999 年第 2 期。

邬国义：新史学思潮经世功能的再考察，华东师范大学学报，2003 年第 3 期。

刘震：《新青年》与"公共空间"——以《新青年》"通信"栏目为中心的考察，延边大学学报，2003 年第 3 期。

冯尔康："说故事"的历史学和历史知识大众文化化，河北学刊，2004 年第 1 期。

安宇、家齐:留学生与中国现代新史学,徐州师范大学学报,2001年第3期。

史文:斥"君史"倡"民史"——关于19世纪末期史学观变革的若干思考,史学理论研究,2001年第4期。

王玉华:封建复古思潮对中国近代史学的影响,济宁师专学报,2001年第2期。

郭剑波:"社会精英的报刊"——从传播学论戊戌维新报刊,浙江师范大学学报,2004年第6期。

高思新、朱杰:中国现代报刊与现代文学的发生,江汉论坛,2004年第9期。

罗新慧:《读书杂志》与社会史大论战,史学史研究,2003年第2期。

张越:《国学季刊》与中国史学近代化,北京大学学报,1998年第4期。

徐春夏:管窥抗战时期延安史学成果的传播机制,党史研究与教学,2005年第6期。

蒋晓丽:中国近代大众传媒与文学言述样式的演进,西南民族大学学报,2003年第11期。

蒋晓丽:传者与传媒——中国近代知识分子对大众传媒话语权的争取,湘潭大学学报,2003年第5期。

徐象平:我国近代学术刊物——《禹贡半月刊》的内容及特点试析,西北大学学报,1995年第2期。

侯云灏:新史学与马克思主义史学,学术研究,2002年第12期。

瞿林东:从梁启超到白寿彝:二十世纪中国史学家的史学史情结,群言,2003年第1期。

孔祥成:历史语言研究所史学方法创新初探:以《历史语言研究所集刊》(1928—1948)为线索,河北师范大学学报,2003年第1期。

黄静:禹贡派食货派的学术关联,学海,2003年第3期。

刘馨、宋勤霞:西方实证主义史学与二十世纪初中国新史学思潮,山西大学学报,2002年第1期。

侯云灏:20世纪初近代科学的提倡与新历史考证学思潮的兴起,史学理论研究,2001年第4期。

朱守芬:顾颉刚与《禹贡半月刊》,史林,2000第1期。

李淑英:《禹贡》半月刊与"禹贡学会"——天津历史博物馆馆藏期刊介绍,文物世界,2005年第1期。

王先进:近代中国绅士阶层的分化,社会科学战线,1987年第3期。

陈梅龙、苏冲:近代中国公共领域初探,学术论坛,2005年第11期。

顾潮:顾颉刚先生与《禹贡》半月刊,中国历史地理论丛,1997年第3期。

向燕南、尹静:中国社会经济史研究的拓荒与奠基——陶希圣创办《食货》的史学意义,北京师范大学学报,2005年第3期。

吴忠良:南高史地学派与中国史学会,福建论坛,2005年第2期。

田亮:禹贡学会和《禹贡》半月刊,史学史研究,1999年第3期。

代继华:史学观念的检讨与史学普及,华南师大学报,2001年第1期。

王建伟:《史学年报》及其学术史意义,辽宁大学学报,2006年第5期

周文玖:我国二十世纪三四十年代史学评述,史学理论研究,1999年第2期。

李小树:11—19世纪中国史学的大众化历程,学习与探索,2000年第2期。

附录:1920—1937年史学期刊所载史学论文表

《史地丛刊》

作者	论文题目	卷期数
李荫清	唯物的历史观与科学的历史	1—1
朱希祖	史记何以起于黄帝	1—1
黄人望	本国史的研究	1—1
李逢源	大战后地理上之变更述略	1—1
丰桂丹	六朝隋唐佛教隆盛之原因及其影响	1—1
梁启超	佛教东来之历史地理的研究	1—2
梁绳筠	新旧历史之目的及其方法	1—2
何炳松	从历史到哲学	1—2
李荫清	历史的设计教授法	1—2
朱建勋	黄河河道变迁考略	1—2
周传儒	工业革命与近代社会问题	1—3,2—1(连载)
天行	国史释地篇	1—3
谷凤池	历史研究法的管见	1—3
邹宗儒	苏维埃俄国述略	1—3
朱希祖	《文史通义》札记序	1—3
何炳松	读章学诚《文史通义》札记	1—3
夏光南	云南开化史略	1—3
(美国)德却尔博士讲演	美国政府建设之经过	1—3,2—1,2—2、3合刊(连载)
董渼滋	研究历史应当注意的三点	2—1

朱希祖	中国近世史要略序	2—1
朱希祖提议，何炳松附议	改良中学校历史地理教法议案	2—1
梁绳筠	读史通札记	2—1,2—2、3合刊（连载）
贾伸	读史的眼光	2—1
周传儒	李悝之经济政策	2—1
于炳祥	法国革命与俄国革命之比较	2—1
杨玉如	历史试验室的教学法	2—1
董秀石	古代东方诸国之神话史与中国神化之考校	2—1
何炳松	新史学导言	2—1
梁任公演讲	中华民族之成分	2—2、3合刊
于炳祥	读新史学	2—2、3合刊
贾伸	春秋时代之女子观	2—2、3合刊
献玖	竹书纪年真伪辨	2—2、3合刊
郭庆龙	西域诸国考略	2—2、3合刊
苏从武	欧洲列国之国际关系	2—2、3合刊
杨玉如	东汉迷信之研究	2—2、3合刊
程国璋	中学中国历史教科书研究法	2—2、3合刊
蔺植春	欧洲人口现象及移民事业之考察	2—2、3合刊
傅绍曾	南洋各国属地对待华侨之政策	2—2、3合刊
梁启超	中学国史教本改造案目录	2—2、3合刊
章嶔	大学校的本国史应该怎样教授	2—2、3合刊

《史地学报》

作者	论文题目	卷期数
徐则陵	史之一种解释	1—1

陈训慈	史学观念之变迁及其趋势	1—1
缪凤林	历史与哲学	1—1
柳诒徵	论近人言诸子之学者之失	1—1
张其昀	柏拉图理想国与周官	1—1
缪凤林	三代海权考证	1—1
姜子润	我国古代金属器物之起源	1—1,1—2(连载)
顾铁生	孔子适周见老子年月考	1—1
王玉章	菲尼基通商殖民史	1—1
(美)葛立芬,张其昀译	美国人之东方史观	1—1
竺可桢讲,范希曾记	欧洲战后之新形势	1—1
胡焕庸	欧战大事记	1—1
王庸	欧史举要	1—1
陈训慈译述	美国史学协会年会记	1—1
缪凤林	中国史之宣传	1—2
陈训慈	组织中国史学会问题	1—2
胡焕荣	纪元问题	1—2
陈训慈	历史之社会的价值	1—2
陈训慈	对于吾国最近经济变迁之观察	1—2
徐则陵	近今西洋史学之发展	1—2
缪凤林	研究历史之方法	1—2
胡焕荣	不列颠帝国	1—2
景昌极	易之国家观	1—2
诸葛麒	周幽王时代国家社会概况	1—2,1—3
柳诒徵	汉人生计之研究	1—2
张其昀	火之起源	1—2

陈训慈译	史之过去与将来	1—2
张其昀译	关于华府会议之丧计种种	1—2
陈训慈	清史感言	1—3
陆维昭	中等学校中国历史教科书编辑商例	1—3
徐则陵	历史教学之设备问题及其解决之方法	1—3
束世澄	蜀汉开辟南蛮考	1—3,1—4
向达	朝鲜亡国之原因及其能否复兴之推测	1—3,1—4
黄应欢	李考格(Lycurgus)之法则	1—3
仇良虎	波罗的海三国述概	1—3
王玉章	车站之制之起源及其变迁	1—3,1—4
金文晟	唐虞夏商祭祀考	1—3,2—3
张其昀	读史通与文史通义校雠通义	1—3,1—4
胡焕庸	日本之海上政策与殖民政策	1—3
陈训慈	美人研究中国史之倡导	1—3
王学素	地名译名统一问题	1—4
竺可桢	改良阳历之商榷	1—4
柳诒徵	清史刍议(附修史私议)	1—4
柳诒徵	近世史料之一	1—4,2—1
何惟科	管老学说之比较	1—4
张其昀译	黄河游记(F.G.C lapp 原著)	1—4
J. Fairgrieve 著,胡焕庸译	各国历史所受地理之支配	1—4,2—2,2—5,2—6
张廷休	欧洲大学起源考	2—1
徐则陵	历史教育上之心理问题	2—1
王学素	地质学发达史	2—1,2—4
陈训慈	文化北进说	2—1
柳诒徵	论臆造历史以教学者之弊	2—2

梁启超	历史统计学	2—2
顾泰来	黄盖氏论历史的政治价值	2—2
陈训慈译	战后之德意志历史教学(附录:学校历史科之目的;近世地理教员之目的)	2—2
张其昀	历史地理学	2—2
	中国之史学运动与地学运动	2—3
柳诒徵	正史之史料	2—3
梁启超	护国之役回顾谈	2—3
张星烺	中国历史研究法纠缪	2—3
(美)巴纳著,王庸译	社会学与史学之关系	2—4
(美)赫尔著,陈训慈译	历史之价值	2—4
(英)密尔著,张其昀译	方志之价值	2—4
向达	赫邰民族考	2—4
徐则陵	高级中学世界文化史纲要	2—4
丁文江	历史人物与地理之关系	2—4
袁复礼	记新发现的石器时代的文化	2—4
刘掞藜	史法通论	2—5,2—6
柳诒徵	婆罗门述	2—5
金文晟	周代商业及交通	2—5
郑鹤声	司马迁之史学	2—5,2—6
郑鹤声、沈孝凰记	印度现状及其趋势	2—5
柳诒徵	契丹大小字考	2—6
向达译	希印古代交通考	2—6
向达译	俄国革命时历史研究之状况	2—6

缪凤林	历史之意义与研究	2—7
周縠	夏商二代学者考略	2—7
金文晟	两汉的政策	2—7
束世澂	中国历史上之马哥孛罗考	2—7
梁启超	要籍解题及其读法——史记	2—7
张廷休译	近五十年历史的讨源述略	2—8
郑鹤声	清儒之史地学说与事业	2—8
柳诒徵	大厦考	2—8
陈兆馨	商尚质证	2—8
刘掞藜	儒家所言尧舜禹事伪邪真邪	2—8
王焕镛	汉代讲五行者之异同	2—8
梁启超	要籍解题及其读法——左传、国语	2—8
柳诒徵	论以说文证史必先知说文之谊例	3—1、2合刊
陈训慈	史学蠡测	3—1、2合刊,3—3,3—5
柳诒徵	拟编全史目录(中华教育改进社议案)	3—1、2合刊
刘掞藜	读顾颉刚君与钱玄同先生论古史书的疑问	3—1、2合刊
顾颉刚	与钱玄同先生论古史书(附录)	3—1、2合刊
钱玄同	答顾颉刚先生书(附录)	3—1、2合刊
顾颉刚	答刘胡二先生书(附录)	3—1、2合刊,3—4
胡士莹	周代教育之研究	3—1、2合刊
周光倬、仇良虎	两汉太学学生考	3—1、2合刊
梁启超	中国近三百年学术史	3—1、2合刊,3—3,3—4,3—5,3—6,3—7,3—8
胡焕庸	美国国民史	3—1、2合刊,3—3,3—4,3—5,3—6,3—7,3—8,4—1

柳诒徵	泉男生墓志跋	3—3
刘掞藜	与顾颉刚讨论古史第二书	3—3
顾颉刚	讨论古书答刘胡二先生书	3—3
钱玄同	研究国学应该首先知道的事	3—3
诸葛麒	法显玄奘西行之比较	3—3,3—4,3—5
张政烺	答束世澄君中国史书上之马哥孛罗质疑	3—3
贾申	中国妇女缠足考	3—3
郑鹤声	清儒对于"元史学"之研究	3—4,3—5
刘掞藜	与顾颉刚先生书	3—4
徐震堮	战国用金矿证	3—4
刘芝祥	山越考	3—4
束世澄	王船山先生之政法思想	3—4
汪章才	周代丧制概略	3—5
张世禄	日本藤原氏与春秋世族之比较	3—5
苏拯	中古大学及其精神	3—5
柳诒徵	中国史学研究论文集序	3—5
龚尔恭	原刑上	3—6
盛朗西	宋元书院讲学制	3—6
柳诒徵	奴尔干事辑	3—6
竺藕舫	中国历史上之旱灾	3—6
陈训正	定海县志例目	3—6
刘掞藜	与顾颉刚先生书	3—6
顾颉刚	答刘胡二先生书	3—6
胡适	古史讨论后的读后感	3—6
柳诒徵	历史之知识	3—7
郑鹤声	读王船山先生读通鉴论宋论	3—7
向达译	史律	3—7
郑鹤声	汉隋间之史学	3—7,3—8
张其昀	南宋都城之杭州	3—7
何炳松	拟编中国旧籍索引例议	3—8
柳诒徵	中国文化史绪论	3—8

作者	论文题目	卷期数
张其昀	中国与中道	3—8
王庸译	大战开始后七年间西洋之中国史研究	3—8
郑鹤声	补史记箕子世家	3—8
浦江清译	印度摩揭陀国孔雀王朝略纪	3—8
李莹璧	希腊文化蠡测	3—8
黄子亭	史汉异同	4—1
张世禄	诗经篇中所见之周代政治风俗	4—1
陈伯瀛	倭寇	4—1
V. A. Smith著，龙文彬译	北传阿育王事略	4—1
陈慎	法显求法归程考	4—1
邵森	大婆罗谭考	4—1
王福隆	自汉迄唐郊祉官吏考	4—1

《史地研究》

作者	论文题目	卷期数
冉繁祺	国耻纪念日之由来——二十一条要求之经过	1
杜元恕	撤废二十一条交涉	1
石显曾	宣布二十一条无效之理由	1
顾东岳	收回旅大问题	1
贾善长	一年来中日之交涉	1
吴传焜	劳农政府之对华宣言	2
石清泉	中俄会议之酝酿	2
马金墀、高景溶、王培俊	最近中俄交涉之经过	2
李金声	中俄交涉与法国	2
石显曾	清末以来俄人侵蒙略史	2
石显曾	劳农俄国统一之经过	2
王可鑑	中华民国国会史	2

王可鑑	中国领事裁判权	2
冯锡候	片马问题	2
马少卿	美国排斥日本移民之原因与中国应持之态度	2
冉繁祺	无理的"帝国生存之必要"说	2

《史学与地学》

作者	论文题目	卷期数
柳诒徵	中国史学之双轨	1
缪凤林	读史微言	1
向达（译）	近四十年来美国之史学	1
郑鹤声	各家后汉书综述	1
梁任公	中国之都市	1,2
陈汉章	中国回教史	1
陈训慈	希腊四大史学家小传	1
Thucydids著，裴复恒重译	比罗奔尼苏战役史	1
王庸	宋明间关于亚洲南方沿海诸国地理之要籍	1
内腾虎次郎	"西湖至包头"序	1
柳诒徵	说吴	2
王庸	四海通考	2
竺可桢	论以岁差定尚书尧典四仲中星之年代	2
柳诒徵	宋太宗实录校证	2,3
王国维	元朝秘史之主因亦儿坚考	3
柳诒徵	清德宗之大婚	3
胡焕庸	新俄之田制	3

张星烺	中国史书上关于马黎诺里使节之记载	3
何炳松（译）	拉施特元史考	3
钱穆	古本竹书纪年辑校补正	3
赵万里（编）	王静安先生著作目录	3
何炳松	历史上演化问题及其研究法	4
陈汉章	小方壶斋舆地丛钞点勘要略	4
孟森	满洲源流考所考明代满洲疆域之发微	4
陈守寔	清初奴患	4

《史地半月刊》

作者	论文题目	卷期数
李旭	爪哇猿人头骨的发现	1
郭秀敏	中国之主要资源	1
戈澄	宋代的民间文学	1
问渔	巴米羊地学中之佛像	1
西村真次著	乌孙与汉之同盟	1
夏镜怀	介绍几本普通地理学参考书	1

《史地杂志》

作者	论文题目	卷期数
张其昀	中国历史上之国防区域	1－1
杨敏曾	三江考	1－1
王以中	山海经图与外国图	1－1
俞大纲	武曌母号考	1－1
陈叔陶	元史郝经高鸣传张德辉传正误	1－1
柳定生	郭嵩焘传	1－1
费巩	西班牙内乱之历史背景	1－1

张荃	记武林坊巷志稿	1—1
高梦谦	近年日人所著关于东北地志目录	1—1
张其昀	南宋杭州之国立大学	1—1（转载）
张其昀	东坡先生在杭州事迹	1—1（转载）
	浙江大学史地学系规程	1—1（附录）
张其昀	中国历史上之建国精神	1—2
孟森	万季野先生明史稿辩诬	1—2
王焕镳	万季野先生系年要录	1—2
杨敏曾	清青海酋罗卜藏丹津战地考	1—2
顾谷宜	苏俄国防地理略述	1—2
王庸	汉唐间之异物志	1—2
杨定生	沈约与宋书	1—2
景冒极	从牛顿的惰性律说到国史上物极必反的公例	1—2
费巩	英王加冕史实谈	1—2
俞大纲	跋郭筠仙先生玉池老人自叙未刊稿	1—2
陈训慈等	万季野先生祠墓落成纪念文字十篇	1—2（特载）

《史学年报》

作者	论文题目	卷期数
孟世杰	戎狄夷蛮考	1—1
王桐龄	汉唐之和亲政策考	1—1
徐琚清	北边长城考	1—1
王桐龄	唐宋时代妓女考	1—1
张星烺	中世纪泉州状况	1—1
瞿兑之	以日本平安京证唐代西京之规制	1—1
次弓	西汉之胡风	1—1

梁佩贞	南北朝时候中国的政治中心	1-1
李崇惠	石达开日记之研究	1-1
李书春	李文忠公鸿章年谱	1-1
韩叔信	莫索尔问题解决的经过	1-1
齐思和	先秦历史哲学管窥	1-1
陈垣	中国史料的整理（翁独健笔记）	1-1
曹诗成	战国时儒墨道三家尧舜的比较	1-2
李镜池	易传探源	1-2
顾颉刚	洪水之传说及治水等之传说	1-2
卫聚贤	尧典的研究	1-2
齐思和	儒服考	1-2
徐文珊	中国古代的历史观	1-2
瞿兑之	古代之竹与文化	1-2
朱士嘉	中国第一个留学生	1-2
王桐龄	会真记事迹真伪考	1-2
奉宽	旧京西山故翠微寺画像千佛塔记跋	1-2
韩叔信	燕京大学校友门外恩佑恩幕二寺考	1-2
顾颉刚	校点古今伪书考序	1-2
韩叔信	俄领西土耳其斯坦与中国在历史上之关系	1-2
洪业	崔东壁书版本考	1-3
韩叔信	虞初小说回目考释	1-3
范文澜	与顾颉刚论五行说的起源	1-3
徐文珊	儒家和五行的关系	1-3
齐思和	与顾颉刚师论易系辞传现象制器故事书	1-3
吴晗	山海经中的古代故事及其系统	1-3

赵澄	史记版本考	1—3
黄文弼	楼兰之位置及其与汉代之关系	1—3
市村瓒次郎著，牟传楷译	元实录与经世大典	1—3
冯家昇	太阳契丹考释	1—3
毛汶	女真文字之起源	1—3
白也	指画略传	1—3
关瑞梧	夷务始末外鸦片战后中英议和史料数件	1—3
傅振伦	清史稿之评论（上）	1—3
洪业	驳景教碑出土于盩厔说	1—4
顾颉刚	从吕氏春秋推测老子之成书年代	1—4
谭其骧	中国内地移民史——湖南篇	1—4
冯家昇	契丹祀天之俗与其宗教神话风俗之关系	1—4
唐兰	获白兕考	1—4
奉宽	元虎贲军百户印考释	1—4
郑德坤	山海经及其神话	1—4
傅振伦	清史稿之评论（下）	1—4
朱士嘉	中国地方志统计表	1—4
沈维钧	商书今译之一——汤誓	1—4
那珂通世著，于式玉译	考信录解题	1—4
洪业	高似孙史略笺正序之一	1—5
顾颉刚	州与嶽的演变	1—5
金德建	司马迁所见书考叙论	1—5
葛敆扬	刘向之生卒及其撰著考略	1—5
陈沅远	唐代驿制考	1—5
冯承钧	考古随笔	1—5

张维华	葡萄牙第一次来华使臣事迹考	1—5
魏建猷	清雍正朝试行井田制的考察	1—5
傅振伦	章实斋之史学	1—5
Arthur W. Hummel 著，郑德坤译	近百年来中国史学与古史辨	1—5
和田清著，翁独建译	明治以后日本学者研究满蒙史的成绩	1—5
黎光明	皇明驭倭录勘误	1—5
梁鑫	读山中闻见录书后	1—5
洪业	崔东壁莜田賸笔之残稿	2—1
齐思和	黄帝之制器故事	2—1
奉宽	居庸关元刻咒颂音补附考	2—1
谢兴尧	太平天国历法考（附太平新历与阴阳历对照表）	2—1
冯家昇	辽史与金史新旧五代史互证举例	2—1
朱延丰	古狮子国释名	2—1
周一良	日本内藤湖南先生在中国史学上之贡献	2—1
赵丰田	康长素先生年谱	2—1
劳贞一	释士与民爵	2—1
顾颉刚	读《尔雅·释地》一下四篇	2—1
张维华	明辽东边墙建置沿革考	2—1
邓嗣禹	中国科举制度起源考	2—1
邓之诚	护国军记实	2—2
邝平樟	唐代公主和亲考	2—2
姚家积	明季遗闻考补	2—2
洪业	史通点烦篇臆补	2—2
许同莘	释百姓	2—2

周一良	大日本史之史学	2—2
顾颉刚	战国秦汉间的造伪与辨伪	2—2
邓嗣禹	城隍考	2—2
齐思和	评马斯波罗中国上古史	2—2
顾颉刚、童书业	夏史三论	2—3
侯仁之	靳辅治河始末	2—3
蒙思明	元魏的阶级制度	2—3
贝琪	三国郡守考	2—3
赵宗复	汪梅春先生年谱	2—3
姚家积	补邹漪明季遗闻	2—3
王伊同	五季兵祸辑录	2—3
陈晋	新唐书刘宴传笺注	2—3
齐思和	英国史书目举要	2—3
洪业	礼记引得序——两汉礼学源流考	2—3
张尔田	与邓之如先生书（论清列朝后妃传稿校记）	2—4
张尔田	与李沧萍及门书（论李义山万里风波诗）	2—4
张尔田	先师章式之先生传	2—4
邓之诚	神庙留中奏疏汇要序	2—4
薛瀛伯	神庙留中奏疏汇要跋	2—4
洪业	春秋经传引得序	2—4
王伊同	前蜀疆域考	2—4
刘官谞	明宪宗赐朱永铁券考	2—4
赵宗复	李自成叛乱史略	2—4
齐思和	美国史书目举要	2—4
周一良	评魏楷英译魏书释老志	2—4
张天护	跋长兄天泽著中葡通商研究	2—4
邓之如讲演，王钟翰笔记	谈"军机处"	2—4

《史学杂志》

作者	论文题目	卷期数
缪凤林	中日民族论	1—1
缪凤林	悼梁卓如先生	1—1
郑鹤声	班孟坚年谱	1—1
佛驮耶舍	汉唐间西域及南洋诸国地理书辑佚	1—1
柳诒徵	述宋史质	1—1
张其昀	明清间金陵之都市生活	1—1,1—2
范希曾	校雠学杂述	1—1
缪凤林	中央大学历史系课程规例说明草案要删	1—1
陈训慈	初级中学历史课程标准草案	1—1
缪凤林	评戴季陶日本论	1—1
缪凤林	中央大学十七年入学试验西洋史世界史常识试题纠缪	1—1
缪凤林	日本军阀论	1—2,1—3,1—4
缪凤林	汉书五行志凡例	1—2
柳诒徵	沈万三	1—2
柳诒徵	记王锡侯字贯案	1—2
郑鹤声	正史总论	1—2
陈裕菁	朝鲜两次变乱之文件	1—2
赵鸿谦	述刻本观象现占	1—2
佛驮耶舍	述近世太平天国史料三种	1—2
缪凤林	评王世杰平均地权的方法	1—2
陈训慈	国际历史学会第六届大会记	1—2
范希曾	评清史稿艺文志	1—3
柳诒徵	火葬考	1—3
陈裕菁	北宋米价考	1—3

张其昀	宋代四明之学风	1-3
柳诒徵	校补韩靳王碑	1-3
束世澂	明季流寇之成因	1-3
缪凤林	日本考略与日本图纂	1-3
陈训慈	欧洲独裁政治之现状与其前途	1-3
郑鹤声	江心坡与国防	1-3
马衡	中国之铜器时代	1-3
缪凤林	评马衡中国之铜器时代	1-3
柳诒徵	与某君论研究经济史之法	1-4
蒙文通	古史甄微	1-4,1-5,1-6、2-1
陈汉章	中国古代铁兵考	1-4
毛乃庸	后梁书叙传	1-4
陈裕菁译	岳飞班师辨	1-4
缪凤林	筹海图编与经略复国要编	1-4
王遽常	嘉兴沈乙盦先生学案小识	1-4
陈训慈	评最近十年的欧洲	1-4
蒙文通、缪凤林	三皇五帝说探源	1-5
柳诒徵	南朝太学考	1-5,1-6,2-1,2-2,2-3、4合刊
陈汉章	史通补释	1-5,1-6
范希曾	书目答问史部目补正	1-5,1-6,2-1
陈裕菁	中法战事文件汇辑(一)	1-5
张其昀	悼梁任公先生	1-5
郑鹤声	史与史字之解释	1-5
缪凤林	评王桐龄新著东洋史	1-5

缪凤林	古史研究之过去与现在(上篇)	1—6
钱堃新	订周颂说	1—6
张尔田	答德国颜复礼博士问管子轻重书	1—6
陈训慈	太平天国之宗教政治	1—6,2—1
赵鸿谦	贞元石斋读书录	1—6
缪凤林	南京明故宫发掘古物记	1—6
柳诒徵	论文化事业之争执	2—1
钱穆	刘向刘歆王莽年谱自序	2—1
郑鹤声	古史官考略	2—1
陈直进	列国币考	2—1
缪凤林	洪范五行传出伏生辨	2—1
陈裕菁译	含摩拉比法典全文	2—1
赵曾俦	月霸论	2—2
缪凤林	中国民族由来论	2—2,2—3、4合刊
景昌极	历史哲学	2—2,2—3、4合刊
蒙文通	古史甄微后序	2—2
钱穆	诸子系年考略	2—2
郑鹤声	史汉研究绪言	2—2
陈汉章	小方壶斋舆地丛钞点校要略	2—2
陈裕菁	中法战事文件汇辑(二)	2—2
柳诒徵	江苏各地千六百年间之米价	2—3、4合刊
蒙文通	经学抉原处远论	2—3、4合刊,2—5、6合刊
蒙文通	三代文化论	2—3、4合刊
柳诒徵	南监史谈	2—3、4合刊
张尔田	真诰跋	2—3、4合刊
钱穆	先秦诸子系年考辨略钞	2—3、4合刊

作者	论文题目	卷期数
李光季	三史考	2—3、4 合刊
蒙文通	中国古代北方气候考略	2—3、4 合刊
汤用彤	读慧皎高僧传札记	2—3、4 合刊
柳诒徵	读赵氏宗谱	2—3、4 合刊
张其昀	首都之新气象	2—3、4 合刊
陈汉章	史通通释补正(续)	2—3、4 合刊,2—5、6 合刊
张崟	古史甄微质疑	2—3、4 合刊
缪凤林	中国民族史叙论	2—3、4 合刊
	中央研究院历史语言研究所傅斯年君来函	2—3、4 合刊
李济	现代考古学与殷墟发掘	2—3、4 合刊
董作宾	甲骨文研究的扩大	2—3、4 合刊
柳诒徵	江苏钱币志初稿	2—5、6 合刊
赵曾俦	干支论(古历衡论之二)	2—5、6 合刊
汤用彤	摄山之三论宗史略考	2—5、6 合刊
缪凤林	汉胡混合之北统	2—5、6 合刊
陈训慈	清代浙东之史学	2—5、6 合刊
缪凤林	西汉诸帝与外戚之祸	2—5、6 合刊
陈汝衡	评话研究	2—5、6 合刊
缪凤林	象征之圣哲	2—5、6 合刊
汤用彤	唐贤首国师墨宝跋	2—5、6 合刊
汤用彤	矢吹庆辉三阶教之研究跋	2—5、6 合刊

《史学》

作者	论文题目	卷期数
沈西林	殷代国际地位蠡测	1
周宗汉	共和解	1

蒋君章	秦皇汉武寻求神仙之用意	1
奚祝庆	两汉人口之比较	1,2(连载)
缪凤林	国史上之民族年代及地理述略	1
陈训慈	浙东史学管窥	1,2(连载)
张鋆译	亚细亚人发现新大陆说之绍介	1
张鋆	评日本研究丛书	1
蒋百幻	产业革命影响说略	1
傅斯年讲，王培棠记	考古学的新方法	1
马古烈讲	欧洲各国对于中国学术之研究	1
雷海宗译	克罗齐的史学论	1
雷海宗	世界史纲(书评)	1
熊协梦译	大战前之英国外交文件(书评)	1
徐光	考古学之徵验	2
曹玉麐	上海发展之回溯	2
蒋百幻	两汉太学之学生生活	2
沈嵩华译	祆教杂考	2
周鑑颐译	康熙大帝与路易十四	2
郑鹤声	晋书汇目考略	2
马呈祥	初级中学历史教学法纲要	2
徐子明先生讲，王培棠笔记	东西史学之异同	2
顾毂宜先生讲，吴志慎笔记	近代欧洲史中之中产阶级的地位	2
缪凤林	经略复国要纲提要	2
罗锦澄	剑桥大学印度史(书评)	2

作者	论文题目	卷期数
唐陶华	剑桥大学不列颠帝国史（书评）	2
熊协梦	希腊与东方（书评）	2
罗锦澄	国际事情概测与国际事情文件（书评）	2
李絜非	史学论文提要	2

《史学丛刊》

作者	论文题目	卷期数
陆懋德	西方史学变迁述略	1—1
陈垣	日本文学博士那珂通世传序	1—1
三宅米吉述，黄子献译	日本文学博士那珂通世传	1—1
柴德赓	明季留都防乱诸人事迹考（上）	1—1
黄公觉	新史学概要说	1—1
张鸿翔	南北朝日蚀表	1—1
王云渠	西汉徙民于诸陵考	1—1
李树峻译	历史研究法	1—1
Paul Cressey	科学制度在中国文化发展上之影响	1—1
雷震译	日本近代之西藏论文研究目录（附录）	1—1

《史学专刊》

作者	论文题目	卷期数
朱谦之	黑格尔的历史哲学	1—1
岑仲勉	括地志序略新诠	1—1
罗香林	唐代波罗毬戏考	1—1
姚宝猷	中国历史上气候变迁之另一研究	1—1
陈啸江	魏晋时代之"族"	1—1

温廷敬	麕羌钟铭释	1—1
曾了若	隋唐骈散文体变迁概观	1—1
朱杰勤	欧洲使节来华考	1—1
朱杰勤	中国与阿剌伯人关系之研究	1—1
温廷敬	广东新通志列传	1—1
姚宝猷	基督教教士输入西洋文化考（上篇）	1—2
刘朝阳	三论殷历	1—2
杨成志	Hypoth Bses Sur Les Origiues des Lolos	1—2
陈啸江	三国时代的经济	1—2
温廷敬	令彝令毁与其他诸器之重研	1—2
罗香林	革命先烈邓公仲元传	1—2
岑仲勉	隋唐州郡牧守编年表	1—3
潘蒔	汉代西南夷裔丛考	1—3
朱杰勤	陶瓷小史	1—3
温廷敬	毛公鼎之年代	1—3
白维翰	关于"仪礼问题"诸记载的补订	1—3
陈啸江	文化哲学（书评）	1—3
岑仲勉	秦代初平南越考（书评）	1—3
岑仲勉	耶律希亮神道碑之地理人事	1—4
温廷敬	莽京考	1—4
岑仲勉	金石证史	1—4
吴宗慈	清开国前纪	1—4
朱杰勤	王羲之评传	1—4
洪平健	日本之史的发展	1—4
饶宗颐	广济桥考	1—4

《史学集刊》

作者	论文题目	卷期数
赵贞信	论语一名之来历与其解释	2
杨向奎	论左传之性质及其与国语之关系	2
王日蔚	丁零民族史	2
罗香林	大唐创业起居注考证	2
王辑五	日本国号考	2
顾颉刚、童书业	墨子姓氏辨	2
吴世昌	书后	2
孟森	清咸丰十年洋兵入京之日记一篇	2
刘原滋	同治五年黄崖教匪案质疑	2
潘承弼	柳三变事迹考略	2
朱宝昌	周叔迦:唯识研究(书评)	2
吴世昌	江绍源:中国古代旅行之研究(书评)	2
王振铎	指南车记里鼓车之考证及模制	3
王静如	宴台女真文进士题名碑初释	3
徐炳昶	金俗兄弟死其妇嫁于其弟兄考	3
顾颉刚	潜夫论中的五德系统	3
吴世昌	敦煌卷季布骂阵词文考释	3
白寿彝	新唐书大食传校补	3
陈叔陶	李冶李治辩	3
张西堂	荀子真伪考	3
赵贞信	论语尧曰篇末二章探源	3
童书业	李自成死事考异	3
王崇武	跋边大绶伐李自成墓启	3
郭伯恭	永乐大典纂修考	3

邓诗熙	清代本章制度改题为奏考	3
刘原滋	黄崖教案质疑补	3
王辑五	中国文化东渐考	3
吴丰培	西行日记跋	3
李玄伯	中国古代婚姻制度的几种现象	4
韩儒林	突厥蒙古祖先传说	4
董作宾	中康日食	4
丁山	籀太史申鼎铭跋	4
丁山	齐叔弓钟铭跋	4
丁山	班殷铭跋	4
徐炳昶	班殷铭跋书后	4
	汉故郎中赵菿残碑图	4
孙文青、劳干、张政烺	汉故郎中赵菿残碑跋	4
徐炳昶	晋宁访古记	4
徐炳昶	滇贤碑传集叙	4
丁山	楚公逆铸铭跋	4
徐炳昶	试论传说材料的整理与传说时代的研究	5
冯家昇	火药的发现及其传布	5
陈述	论契丹之选汗大会与地位继承	5
黄文弼	古楼兰国历史及其在中西交通上之地位	5
王静如	重论 ar si, ar gi 与焉夷,焉耆	5
钟凤年	水经注之一部分问题	5
许道龄	玄武之起源及其蜕变考	5
程溯洛	女真辫发考	5
苏秉琦	"斗鸡台沟车区墓葬"编后记	5
冯家昇	读西洋的几种火器史后	5

《历史学报》

作者	论文题目	卷期数
孟森	清高宗内禅事证闻	1—1
吴其昌	浙西村舍丛书卫藏通志跋尾(上)	1—1
吴其昌	浙西村舍丛书卫藏通志跋尾(下)	1—1
陈祖源	明代葡人入居濠镜澳考略	1—1
陶元珍	张居正奏疏系年	1—1
盛熙	左氏述春秋盟会	1—1
刘樊	殷商民族复国运动的失败及其思想家	1—1
施应霆	意大利的向外发展	1—1

《历史教育》

作者	论文题目	卷期数
钱穆	如何研究中国史	1
齐思和	论研究美国史之重要	1
初拓	历史教育的改进问题	1
王辑五	历史教育的新动向	1
孙克刚	历史教育要普遍化	1
萧远健	中国史学团体应加入国际历史学会	1
Hasold Tenperley 讲，左绣芝译	国际历史学会之经过及组织	1
G. P. Gcoch 著，吴盦译	欧洲文化史运动	1
齐思和	评斯汀生著远东之危机	1
	古代希腊的社会史和文化史(书评)	1
	远东史(书评)	1
	国际简史(书评)	1

许重远	历史教学与"拥护领袖"	2
钱穆	历史与教育	2
章人钧	中学历史教学的基本原则	2
尹炎农	非常时期之历史教材的商讨	2
陈泽云	十九世纪欧洲的民族主义派史学	2
江世禄	西汉时代的土地兼并与农民暴动	2
王辑五	历史与爱国心	2
孙克刚	刘邦铜像	2
孙克刚	北京人之研究	2
齐思和	评维森著历史辅助科学论略	2
赵象山	读施译世界史纲	2
去羡	远东的外交政策	2

《治史杂志》

作者	论文题目	卷期数
孟心史	后明韩王	1—1
王辑五	宋禅僧与日本武士	1—1
姚从吾	成吉思汗时代的沙曼教	1—1
皮名举	布思斯德教授传略	1—1
傅振伦	论史料之种类	1—1
余文豪	楚辞九歌中的巫	1—1
王德昭	汉匈关系史(上)	1—1
李欣	汉匈关系史(下)	1—1
傅安华	北朝兵制研究	1—1
张锡纶	清代堂子与沙曼教	1—1

后 记

本书是在我的博士论文基础上修订而成的。我自认是一个有心读书却资质愚钝懒散之人，有幸入南开攻读博士学位，我非常珍惜这个机会。在求学过程中，从开始时的意气风发，到遭遇困难时的彷徨，再到平静中进入踏实的研究，我知道自己不论在心智上还是在学习上都取得了进步。而我深切体会到，一个人即使做出一点小小的成绩，实在包含了太多人的关心与帮助。

自从进入史学史研究领域以来，我一直试图从史学与社会发展之互动关系的角度来思考问题。因此，我的思路沿着两个方面在展开，一方面我想厘清史学研究成果是如何转变为人们的历史观念的，其间有没有一个规律可循？另一方面，社会发展又如何影响了史学演进？前一个问题我还没有找到明确的思路与答案，而后一个问题则成为了本书研究的基本思想前提。

中国近代史学处在一个新旧革新的时期，而诸多新的事物和学术建制也勃然而兴，其中，史学期刊的发展是一个值得注意的新现象。我在南开大学经过半年多的思索和资料收集，以及和我的导师姜胜利教授商讨后，在老师的鼓励下不揣浅陋最终确定了从事这一课题的研究。

姜老师是一个严谨的学者，又是一位温和的长者。本书的选题、框架结构都倾注了姜老师的心血，我或在老师办公室对面而坐聆听先生教诲，或在老师家中与老师促膝长谈，或在路上与老师漫步闲谈，那一幕幕回想起来历历在目，让人难以忘怀。此外，我还要真诚的感谢师母，每次去聆听姜老师对论文的指导，师母都会热情地端上一杯热茶、一盘水果，其贤良让人倍感温暖。

南开大学史学理论及史学史教研室的乔治忠先生、孙卫国先生在我的学习过程中给予了很大的帮助，我有幸聆听二位先生的授课，在治学方法和学术视野上都获益良多。朱洪斌老师待我亦师亦友，对治学尤有心得，其不经意间的点拨有时让我豁然开朗。

北京师范大学陈其泰先生一直是我尊崇的学者，陈先生在得知我论文选题与其学生所作论文相关时，立即将论文复印邮寄过来并加以鼓励，其嘉惠后学之胸襟令人感动。

南开大学的同门王盛恩、王秀丽、张文生、王健美、孙文阁、段润秀、崔岩、刘芹、杨永康、王传奇、苏永明、庚向芳、段晓亮、王丽琨、时培磊、王昌立、王爱卫、张光华、李文明、李泽昊、胡现岭、杨烨琨，大家一起在乔老师倡导下定期举行学术沙龙或体育活动，给单一的读书生活带来了活力。他们在我论文的写作和修改过程中给予了帮助，一并感谢。

南开大学提供了良好的学习环境和文化氛围，我有幸聆听了诸多著名学者的演讲，目睹了他们的风采，时常令我有所感悟。南开图书馆善本室的几位老师，她们不怕繁琐、热情负责，对我查找资料提供了许多方便。好友朱红伟博士、陈茂林博士、贾宝林博士、唐彬尧博士、郝勇博士，大家分属不同专业，时常在一起交流学习心得、或纵论时事、或饮茶趣谈，留下了许多美好的记忆。

感谢参加我论文答辩的瞿林东先生、陈其泰先生、赵伯雄先生、乔治忠先生，各位先生对论文提出了宝贵的修改意见。毕业之后，姜老师也多次敦促我对论文进行扩充、修改、深化，但愚钝的我使得老师的很多想法没有得到体现，这种遗憾希望在我下一本关于史学期刊与新史学演进的著作中得以弥补。

同时，还要感谢我的硕士导师彭忠德先生，是彭先生领我进入了史学研究的大门，彭老师陪我一起研读《史通》（刘知几）、《中国史学史纲》（瞿林东）的情形至今历历在目。

最后，要感谢我的家人，我的妻子很理解科研工作的辛苦，让我能在一个温馨而平静的环境下从事研究。小儿的出生更是让我体会到了作为父亲的喜悦，陪伴他的成长让我感觉充实而幸福。

2015 年 4 月于重庆天高鸿苑

南开大学出版社网址：http://www.nkup.com.cn

投稿电话及邮箱： 022-23504636   QQ：1760493289
                                QQ：2046170045(对外合作)
邮购部：   022-23507092
发行部：   022-23508339   Fax：022-23508542

南开教育云：http://www.nkcloud.org

App：南开书店 app

南开教育云由南开大学出版社、国家数字出版基地、天津市多媒体教育技术研究会共同开发，主要包括数字出版、数字书店、数字图书馆、数字课堂及数字虚拟校园等内容平台。数字书店提供图书、电子音像产品的在线销售；虚拟校园提供 360 校园实景；数字课堂提供网络多媒体课程及课件、远程双向互动教室和网络会议系统。在线购书可免费使用学习平台，视频教室等扩展功能。